発達が気になる子の

感覚を育てるあそび

の処方箋

著 山下直樹

SE
SHOEISHA

本書内容に関するお問い合わせについて

このたびは翔泳社の書籍をお買い上げいただき、誠にありがとうございます。弊社では、読者の皆様からのお問い合わせに適切に対応させていただくため、以下のガイドラインへのご協力をお願い致しております。下記項目をお読みいただき、手順に従ってお問い合わせください。

●ご質問される前に

弊社Webサイトの「正誤表」をご参照ください。
これまでに判明した正誤や追加情報を掲載しています。

　　　正誤表　　　https://www.shoeisha.co.jp/book/errata/

●ご質問方法

弊社Webサイトの「書籍に関するお問い合わせ」をご利用ください。

　　　書籍に関するお問い合わせ　　　https://www.shoeisha.co.jp/book/qa/

インターネットをご利用でない場合は、FAXまたは郵便にて、下記"翔泳社 愛読者サービスセンター"までお問い合わせください。
電話でのご質問は、お受けしておりません。

●回答について

回答は、ご質問いただいた手段によってご返事申し上げます。ご質問の内容によっては、回答に数日ないしはそれ以上の期間を要する場合があります。

●ご質問に際してのご注意

本書の対象を超えるもの、記述個所を特定されないもの、また読者固有の環境に起因するご質問等にはお答えできませんので、予めご了承ください。

●郵便物送付先およびFAX番号

　　送付先住所　　〒160-0006　東京都新宿区舟町5
　　FAX番号　　　03-5362-3818
　　宛先　　　　　（株）翔泳社 愛読者サービスセンター

※本書に記載されたURL等は予告なく変更される場合があります。
※本書の出版にあたっては正確な記述につとめましたが、著者や出版社などのいずれも、本書の内容に対してなんらかの保証をするものではなく、内容やサンプルに基づくいかなる運用結果に関してもいっさいの責任を負いません。
※本書に記載されている会社名、製品名はそれぞれ各社の商標および登録商標です。

はじめに

「うちの子、ちょっと気になることがあるのですが……」。

　保護者の方から、こんな言葉をよく聞きます。私が保育カウンセラーとして働き始めて、もう20年以上になりますが、その間、たくさんの子どもたちや保護者と出会い、子育ての心配ごとに寄り添ってきました。

　保育現場では、個性豊かな子どもたちが毎日元気に過ごしています。中には、乱暴な行動をとってしまったり、集団での生活が難しかったり、ことばの理解に時間がかかる子もいます。

　国立特別支援教育総合研究所が2021年に全国の保育現場を対象に行った調査によると、特別な支援を必要とする子どもは全体の8.2%、さらに発達障がいなどの診断を受けた子どもは3.0%にのぼります。診断の有無にかかわらず、これらを合計すると11.2%の子どもが何らかの特別な支援を必要としていることが明らかになりました。ただし、この数値は全国平均です。私が年間のべ100園以上を訪問し、子どもたちの行動を観察する中で感じるのは、園によっては20%以上の子どもに支援が必要なこともあるという現実です。

　本書では、「気になる子ども」を「感覚や発達がアンバランスな子ども」としてとらえ、あそびを通して感覚を育てることに焦点を当てています。特にシュタイナー教育が重視する乳幼児期の発達に関連する「触覚」「生命感覚」「運動感覚」「平衡感覚」の4つの感覚を育むことが、子どものこころとからだをすこやかに成長させる鍵であるという視点で書かれています。

　本書で紹介しているあそびは、家庭や保育現場で特別な道具や場所を必要とせず、今日からでもすぐに始められるものを選びました。

　公園で、お庭で、リビングで……。日常の何気ない瞬間が、子どもの感覚を育てる大切な時間に変わります。こうしたあそびこそが、子どものこころとからだの成長を支える土台となり、毎日の小さな積み重ねが子どもの未来を大きく育てていくのです。

　実は日々の子育てや保育の中で自然に行われてきたふれあいあそびや、昔から子どもたちが誰に教わるでもなく行ってきたあそびの中には、子どもの感覚を育てる要素がたくさん詰まっているのです。

「何気ないあそび」が「子どもの感覚を育てるあそび」に変わる――そんな気づきが本書を通じてたくさんの親子に届くならば、著者としてこれ以上の喜びはありません。

2025年2月

山下直樹

本書の使い方

第1章 理論編

　理論編では、シュタイナーの治療教育の考え方をもとに、子どもの発達と、幼児期の発達に関連する「触覚」「生命感覚」「運動感覚」「平衡感覚」の4つの感覚について詳しく解説しています。

第2～4章 あそび編

　あそび編では、子どものさまざまな心配ごとを取り上げ、その背景や関わりかたについて解説しています。そして、「あそびを通して感覚を育てる」という視点から、それぞれの心配ごとに対する具体的なあそびを「あそびの処方箋」として紹介しています。

　<u>本書で紹介しているあそびは、0～7歳の子どもを対象としています。</u>子どもの年齢や様子、成長に合わせて、楽しみながらあそんでみてください。

心配ごとと解説

関係する感覚
それぞれの心配ごとに関連する感覚を示しています。

どんな行動？
心配な行動の例を具体的に挙げています。

専門家の視点
どのように子どもと関わっていけばよいか解説しています。

解説
なぜそのような心配ごとが起きるのか、理由や背景を解説しています。

あそびの処方箋

あそびの処方箋
心配ごとに対する具体的なあそびを紹介しています。

POINT
あそびに取り組むときのポイントを示しています。

5

もくじ

はじめに ————————————————————— 3

本書の使い方 ——————————————————— 4

第1章 理論編 子どものこころとからだって どう育てる?

■ 子どもはあそびで発達する! ————————————— 12

■「こころ」と「からだ」は結びついている ———————— 14

■ 子どもの発達の土台は「からだ」————————————— 16

■「こころ」と「からだ」のバランスを整えるには? ————— 18

■ 子どもの発達にかかわる4つの感覚 —————————— 20

■ ことばの発達とコミュニケーション —————————— 24

■ ことばの土台を育てよう —————————————— 26

column 発達が気になる子どもとあそび ————————— 28

あそびのポイント／参考文献 ————————————— 30

第2章 あそび編 運動面の心配ごと

■ 歩かない・走らない ———————————————— 32

あそびの処方箋 足の裏を触ってみよう —————————— 33

| あそびの処方箋 | たくさんはいはいしよう | 34 |
| あそびの処方箋 | でこぼこな道であそぼう | 35 |

■ じっとしていられない　36

あそびの処方箋	抱っこでゆらそう	38
あそびの処方箋	大きくゆらそう	39
あそびの処方箋	バランスをとってゆれよう	40
あそびの処方箋	回転してあそぼう	41

■ 人や物によくぶつかる・乱暴な行動がみられる　42

あそびの処方箋	いろいろなジャンプであそぼう	44
あそびの処方箋	おすもうごっこであそぼう	46
あそびの処方箋	くぐってあそぼう	47
あそびの処方箋	ぶら下がったり、よじ登ったり	48
あそびの処方箋	歩こう・走ろう	49

■ 手先の不器用さがある　50

あそびの処方箋	お手伝いあそび	52
あそびの処方箋	ふうせんであそぼう	53
あそびの処方箋	あやとりをしてみよう	54
あそびの処方箋	おりがみ・新聞紙であそぼう	55

■ 姿勢が悪い　56

あそびの処方箋	バランスをとってあそぼう	57
あそびの処方箋	跳んだりはねたりしよう	58
あそびの処方箋	いろいろ歩き	59
あそびの処方箋	運んであそぼう	60
あそびの処方箋	すべったり、転がったり	61

column ほかの子と比べて悩んでしまう　62

第 3 章 あそび編 生活面の心配ごと

- ■ **なかなか寝ない・寝つきが悪い** ──────── 64
  - あそびの処方箋 ふれあいあそび【夜Ver.】 ─── 67
  - あそびの処方箋 お風呂であそぼう ─────── 68
  - あそびの処方箋 絵本を一緒に読もう ───── 70
  - あそびの処方箋 素話をしてみよう ─────── 72
  - あそびの処方箋 日本の昔話を覚えて語ろう ── 73
  - あそびの処方箋 楽しい、うれしい創作のおはなし ── 78
  - あそびの処方箋 おやすみのうたをうたおう ── 79
- ■ **寝起きが悪い・なかなか起きない** ──────── 82
  - あそびの処方箋 目覚めのうたをうたおう ──── 84
  - あそびの処方箋 ふれあいあそび【朝Ver.】 ─── 86
  - あそびの処方箋 朝を感じよう！ ───────── 90
  - あそびの処方箋 朝の音を聞いてみよう ───── 92
  - あそびの処方箋 朝の色を探してみよう ───── 93
- ■ **食べ物の好き嫌いがある・あそび食べをする** ── 94
  - あそびの処方箋 口元やあごにふれてあそぼう ── 97
  - あそびの処方箋 野菜と仲良くなろう ────── 98
  - あそびの処方箋 料理のお手伝いをしてみよう ── 99
  - あそびの処方箋 食べ物のおはなしをしよう ── 102

- ■ トイレに行きたがらない ——————————— 104
  - あそびの処方箋 トイレに行くまほうの言葉 ——— 107
  - あそびの処方箋 トイレの絵本を読んでみよう ——— 108
  - あそびの処方箋 またいだりバランスをとるあそび ——— 109
- ■ 便秘になりがち ——————————— 110
  - あそびの処方箋 マッサージをしよう ——— 112
  - あそびの処方箋 腸活！ ヨガをしてみよう ——— 114
  - あそびの処方箋 腸活！ 体操をしてみよう ——— 115
- ■ 触覚の過敏がある ——————————— 116
  - あそびの処方箋 ふれあってあそぼう ——— 118
  - あそびの処方箋 手探りあそびをしてみよう ——— 120
  - あそびの処方箋 足でふれよう ——— 121
  - あそびの処方箋 自然にふれよう ——— 122
  - あそびの処方箋 ねんどであそぼう ——— 123
  - あそびの処方箋 砂あそびに慣れよう ——— 124
  - あそびの処方箋 泥んこあそびをしてみよう ——— 125
- column あなたは「あら探し」の名人？「いいところ探し」の名人？ ——— 126

第4章 あそび編 ことばの心配ごと

- ■ 目が合いにくい ——————————— 128
  - あそびの処方箋 毎日のスキンシップを楽しもう ——— 130

| あそびの処方箋 親子でからだあそびをしよう | 131 |

| あそびの処方箋 たくさん、ほめよう | 132 |

| あそびの処方箋 顔が見えるところであそぼう | 133 |

■ 一日中一人あそびをしている　134

| あそびの処方箋 興味を引くあそびを1対1でしてみよう | 136 |

| あそびの処方箋 楽しんでいることと同じことをしてみよう | 137 |

■ 同じあそびばかりする　138

| あそびの処方箋 からだを動かす感覚運動あそび | 140 |

| あそびの処方箋 ほかの子どもと一緒にあそぼう | 141 |

■ 発語がゆっくりである　142

| あそびの処方箋 おもわず声が出てしまうあそび | 144 |

| あそびの処方箋 生活の中のふれあいあそび | 145 |

■ ことばの理解に心配がある　146

| あそびの処方箋 ことばのイメージあそびをしよう | 147 |

| あそびの処方箋 人と関わるあそびをしよう | 148 |

| あそびの処方箋 翻訳あそびをしよう | 149 |

■ ことばが不明瞭・発音がうまくできない　150

| あそびの処方箋 なめてあそぼう | 152 |

| あそびの処方箋 口や顔であそぼう | 153 |

■ ことばはあるのに会話が成立しない　154

| あそびの処方箋 タイミングを合わせてあそぼう | 156 |

| あそびの処方箋 みんなであそぼう | 157 |

第 1 章

理論編

子どもの こころとからだ ってどう育てる?

子どもはあそびで発達する！

■ 子どもの発達とモンシロチョウ

モンシロチョウが蝶になるまで

　みなさんは、モンシロチョウをご存じですか？　そう、春の菜の花畑やキャベツ畑を舞う、あの白い蝶です。この蝶の成長を思い浮かべながら、子どもの成長についてのお話をしましょう。

　モンシロチョウは、たまごから幼虫になり、さなぎの時期を経て蝶になります。そして、それぞれの時期に必要な環境や栄養は変わります。例えば、たまごの時期には、雨風を防ぐために安心できる環境が必要です。幼虫になれば、キャベツの葉をたくさん食べて成長しますが、やがて何も食べなくなり、動くこともほとんどないさなぎになります。このさなぎの時期には動かないからといって、無理に触ったり刺激したりするのではなく、見守ることが大切です。そして成虫になり蝶になると、大空を飛び、花の蜜を吸って生きるようになります。

発達にあわせた環境と関わり

　では、子どもはどうでしょうか？　例えば乳幼児期には、親のあたたかい抱っこや安心できる環境が必要です。静かであたたかで心地よく、しかも安心してからだ全体を使ってあそぶことができるような環境です。

　私たちは、モンシロチョウの幼虫に「あなたはモンシロチョウなのだから」と言って花の蜜を与えるように、子どもにとって早すぎる刺激を与えていないでしょうか？　静かに成長を待つ時期に無理に何かを押しつけてはいないでしょうか？

　子どもたちの成長には、モンシロチョウの成長で見たように、それぞれの時期にあった環境や関わりがあります。子どもの発達をしっかり見守りながら、発達に応じてその時期にふさわしい環境を与えることが大切なのです。

■ 子どものこころとからだの発達

　子どもは生まれてからの約3年間で、「歩く、話す、考える」という大切な3つの能力を身につけます。新生児は自分でからだを動かすことはできませんが、首がすわると見たい方向に顔を向け、手を伸ばすようになります。その後、背骨や腰、脚などの筋肉の発達に伴い、寝返りやおすわり、はいはい、つかまり立ち、一人歩きへと発達が進んでいきます。からだの発達は上から下へと進んでいくのが特徴です。

　1歳ごろに立つことができるようになると、視界が広がり、世界と自分とを区別し始めます。1歳から2歳までの間、子どもはあちらこちらと歩き回ることができるようになると、周囲のものに興味を持ち、指さしや喃語（なんご）を通してことばやコミュニケーションを学んでいきます。3歳ごろになると、子どもは自分のことを「わたし」や「ぼく」と呼ぶようになります。自分のことを「わたし（ぼく）」ということができるのは、世界中でも自分一人しかいませんから、「わたし（ぼく）」と子どもが言い始めたその瞬間、子どもは自分という存在に気づき、自我が芽生えたことを意味します。

■ 大切なのは、親子のふれあいと、楽しくあそぶこと

　乳幼児期はふれあいを通して愛着を形成する時期であり、またあそびを通してからだを育てる時期でもあります。

　親子でふれあってあそぶことで、安心や信頼を育んでいくことができます。また、子どものあそびはこころとからだの発達につながっていきます。子どもは手でふれて、握り、振り回して、ときには口の中に入れてあそびます。それは自分以外の世界を認識する試みです。また、子どもは登って飛び降り、よじ登ってはときに転んだりして、自分がどこまでできるかを経験します。においをかいで、音を聞き、肌でふれてみることや実際に見ることなど五感を通して行う経験すべてがあそびであり学びです。

　幼児期までの子どもはふれあってあそぶこと、また手足を思い切り動かしてあそぶことが大切です。子どものこころとからだは、あそびを通して育つのです。

「こころ」と「からだ」は 結びついている

■ 発達に必要な「こころ」と「からだ」のバランス

　私たちの「こころ」と「からだ」は密接に結びついています。「からだ」のどこかに痛みを感じれば、一日中憂うつな気分が続くでしょう。逆に、「こころ」に心配事や大きなストレスを抱えていれば、「からだ」が不調となることもあります。

　子どもの健やかな発達には、「こころ」と「からだ」のバランスを整えることが非常に重要です。そうすることで、子どもは自分自身を認識し、周囲との関わり方を学び、健全に成長していくことができます。しかし、「からだ」を動かすことの重要性が解説されることは多いものの、「こころ」と「からだ」のバランスを整えるというアプローチについては、あまり触れられていないのが現状です。

　本書では、「こころ」と「からだ」のバランスを整えるために重要な4つの感覚を育てるあそびを紹介しています。そのベースとなっているのは、シュタイナー教育の考え方です。ここでは、本書で紹介するあそびの理論的背景である、シュタイナー教育の基本的な考え方を解説します。

■ シュタイナー教育／シュタイナー治療教育とは

人間を全体的な存在としてとらえた教育的手法

　シュタイナー教育は、オーストリア出身の哲学者であり思想家、教育者でもあるルドルフ・シュタイナー（Rudolf Steiner 1861-1925）が提唱した教育法です。シュタイナー教育は、シュタイナーによる人間観にもとづいて、人間を全体的な存在としてとらえています。人間を「全体的な存在」としてとらえるとは、人間を単に「からだがあるだけの存在」としてみなすのではなく、「こころ」や「精神」を兼ね備えた存在であると理解することです。人間は「からだ」だけでなく、喜びや悲しみなどを感じる「こころ」や、成長する中で培われる「精神」といった目に見えない部分を含めて、全体として存在しています。シュタイナー教育では、「からだ」「こころ」「精神」がバランスよく成長することが大切だと考えています。

「こころ」と「からだ」は結びついて働く

　シュタイナー治療教育は、ルドルフ・シュタイナーの提唱した思想にもとづき、障がいのある子どもや配慮を必要とする子どもの成長を支援する教育法です。

　シュタイナー治療教育では、子どもを「からだ」「こころ」「精神」という3つの要素で構成されていると考えます。そしてどれほど重い障がいがあったとしても「精神」の部分は常に健康で、変わらないものだととらえています。「精神」は生まれたときから存在し、普段の生活では「からだ」と「こころ」に結びついて働きます。しかし、この結びつきが弱いと、日常生活で困難が生じることがあります。

　また、「からだ」と「こころ」同士の結びつきも強く、「からだ」に不調が起きると「こころ」にも影響し、それが生活上の困難につながる場合があります。

「からだ」に働きかけて「こころ」のバランスを整える

　シュタイナー治療教育の目的は、子どもの「からだ」に働きかけることで、「こころ」のバランスを整え、全体的な調和を取り戻すことです。たとえば、感情的に不安定なときや、そわそわしてからだが動きすぎたりするとき、逆にからだが重くて思うように動かないとき、緊張で心身が硬くなっている場合など、人はさまざまにこころとからだの影響を受けながら生活しています。そうしたときに、「からだ」に働きかけることにより、心身のバランスを整え、心地よい状態に導くことを目指しています。こうした働きかけを通じて、子どもが本来持っている、「こころとからだのバランスを整える力」＝「自己治癒力」を引き出そうとするのです。

コラム

「こころ」と「精神」の違い

　「こころ」と「精神」の違いについて、考えてみましょう。この二つは似ているようで、実は違うものです。

　まず、「こころ」とは、私たちが感じる気持ちや感情のことです。例えば、好きな人がいて「つきあいたい」と思う気持ちは「こころ」です。この気持ちはとても移ろいやすく、はっきりしないものです。もし、その気持ちを相手に伝えずに時間が経てば、その思いは消えてなくなってしまうかもしれません。

　一方、「精神」は、その気持ちを現実に変える力のことです。先ほどの例で言うと、「つきあいたい」という気持ちが、「精神」によって現実の行動に変わります。具体的には、デートに誘ったり、交際を申し出たりする行動です。これらは「こころ」が形になったものといえるでしょう。このように「こころ」を現実に導く見えない力のことを「精神」と呼びます。

子どもの発達の土台は「からだ」

■ 大人になるための発達の道すじ

前節では、子どもは「からだ」「こころ」「精神」の3つ要素で構成されていると解説しました。それをふまえて、シュタイナー教育では、子どもの成長を7年ごとに区切り、それぞれの時期に合った教育方法を提案しています。

0歳から7歳ごろまでの乳幼児期は、「からだ」の成長が中心で、感覚を通じて世界を理解し、あそびやまねを通じて意志の力が育まれます。

7歳から14歳までの時期は、「こころ」の成長が中心となります。この時期の子どもたちは、芸術的な表現を通じて、うれしい、楽しい、美しいなどの感情を育んでいきます。

14歳から21歳までの青年期は、「頭」が発達する時期です。この「頭」は「自我」とも言いかえられ、人間の構成要素としての「精神」に含まれるものです。この時期になると、抽象的な思考ができるようになり、物事を批判的に見る力が育ってきます。また、自分は何者であり、どのような人生を歩んでいこうとしているのかなど、自分自身を深く見つめることができるようになります。

つまり、子どもの発達は「からだ」⇒「こころ」⇒「頭」の順に進んでいくと考えることができます。

■ 鏡もちの原理

発達の土台は「からだ」

「鏡もちの原理」とは、子どもの発達の順序を鏡もちにたとえたものです。人は、「からだ」という大きな土台があるからこそ、次に「こころ」という土台を重ねることができ、それがあって初めて「頭」を安定的にのせることができます。最初

●鏡もちの原理

に「からだ」を健康に育てることが、次に「こころ」を育み、最終的に「頭」を成長させるための土台となるのです。この順序を無視して、いきなり「頭」を重視すると、子どもの発達は不安定になりがちです。

「からだ」を育てると「ことば」も育つ

例えば、3歳になってもことばがあまり話せない子どものことが心配で、一生懸命ことばを話す練習をさせてしまうことがあります。しかし、こうした場合も「からだを育てる」ことが大切です。ことばをなめらかに話すためには、からだの中で最も微細な筋肉の動きをコントロールすることが必要です。大きなからだの動きをたくさんすることによって、微細な運動ができるようになっていきますから、からだを動かしてたくさんあそぶことが、ことばを話すことにつながっていくのです。同時に、しゃぼんだまや笛を吹くあそびなど口元を動かすようなあそびをしていくことで、口の周りの筋肉が育ちます。さらに、あそぶことは、「楽しい気持ちになる」⇒「その気持ちを伝えたい」⇒「さらに楽しくなる」というような好循環から、楽しくあそぶことが「気持ちを伝えたい」というコミュニケーションを育てることになるのです。

■ からだを育て、こころを育むこと

からだを育てるには、「食べる」「寝る」「あそぶ」という生活リズムを整えることが基本です。例えば、朝昼夕の決まった食事、早寝早起き、手足を使ったからだ全体を動かすあそびが、子どものからだを健やかに育てます。

子どもに何らかの「心配な行動」や「問題となるような行動」が見られると、周囲の大人はその行動のみに気持ちが向かいますが、まずは生活のリズムが乱れていないか振り返るところから始めましょう。

本書の第2章以降では、子どものからだを育てるあそびや、生活リズムを整えるためのあそびをたくさん紹介していますので、ぜひ子どもと一緒に楽しみながら取り組んでみてください。

「こころ」と「からだ」のバランスを整えるには？

■ 子どものこころとからだを育むのは生活リズムとあそび

　規則正しい生活リズムは、子どものこころとからだに深い影響を与える重要な要素です。規則的な生活リズムを確立し、からだに働きかけることが、子どもの成長や自己治癒力を引き出すための基盤となります。ここでは、特に「食べること」「眠りと目覚め」「あそび」のリズムが、どのように子どもの発達に影響を与えるかを考えてみましょう。

①食べることのリズム

　食事は単に栄養を摂取するための行為ではなく、こころとからだに働きかける重要な行為です。静かな環境で、一定の時間に規則正しく食べることにより、消化や代謝のリズムが整います。私たち大人でもストレスを抱えているとき、体調が悪いときには食欲が増減するように、こころとからだが不調なときは、食事のリズムも乱れます。一方で、一定の規則正しいリズムで食べ、消化し、排泄に至るまでのリズムが整うと、心身のアンバランスも整います。

②眠りと目覚めのリズム

　睡眠は子どものからだや脳、こころの成長に大きな影響を与えるといわれています。経済協力開発機構（OECD）が2021年に発表したデータによると、日本は世界一睡眠時間の短い国でした。なるほど、保育現場では、大人の生活リズムの影響を受け、睡眠時間の短い子どもたちに多く出会います。目覚めは単なる身体的な覚醒ではなく、意識がからだに結びつく大切な瞬間です。眠りと目覚めのリズムが不安定な子どもたちは、意識とからだとの結びつきがスムーズではないことが大きいため、寝つきや寝起きが悪い子どもも多いようです。そうした子どもは登園しても午前中はぼーっとして活発にあそべない、イライラしているのでちょっとしたことでかんしゃくを起こすなど、さまざまな行動を示しています。

　睡眠は何もしない時間ではなく、からだと脳を休ませ修復するときであるといわれています。

③あそびのリズム

あそびは子どもにとって重要な学びの一環であり、特に手足を使って思い切りあそぶことは、からだやこころに働きかける重要な要素です。あそびの時間は一日の生活リズムに組み込まれ、自由な創造力を発揮して、からだを動かすことができるように工夫する必要があります。あそびを通じて、子どもたちは自分自身を表現し、からだとこころの調和を体感します。また、あそびのリズムが整うことで、子どもたちはエネルギーを適切に発散し、心身のバランスが保たれます。

大切なのは「食べる、寝る、あそぶ」のリズム

「食べる、寝る、あそぶ」の生活リズムが整うことは、子どもの成長に不可欠な要素であるということができます。リズムのある生活は、からだに働きかけるだけでなく、こころの安定をもたらし、子どもの自己治癒力を呼び覚ます役割を果たします。特に発達の遅れや偏りなど、何らかのアンバランスさを持つ子どもたちにとって、リズムのある生活は、成長や発達を支える基盤となり、自然なかたちで自らの力を引き出す助けとなります。

子どもの発達にかかわる 4つの感覚

　シュタイナー治療教育の目的は、子どもの「からだ」に働きかけることで、「こころ」とのバランスを整え、全体的な調和へ導くことであり、子どもが本来持っている「自己治癒力」を引き出そうとすることです。ここでは、子どもの「からだ」に関係する4つの感覚、【触覚】【生命感覚】【運動感覚】【平衡感覚】について考えてみましょう。

■ 触覚

　私たちはマッサージを受けると心地よさとともに、からだと環境の境界を感じ、リラックスできます。また、入浴することやタオルで肌をこする感覚も触覚に深く働きかけます。普段は意識されにくい触覚ですが、大切な3つの働きがあります。

①保護する働き

　触覚はからだの一番外側にある感覚であるため、皮膚にふれたものがからだに危害を加えるものか、そうでないかを判断するセンサーのような役割を持っています。からだにふれたものが危害を加えるものであった場合、逃げる（逃避）、からだを守るためにじっと固まる（防衛）、攻撃する（攻撃）という行動をとります

②識別する働き

　触覚には、対象をじっくりとさぐり分ける働きがあります。この働きによって、人はふれただけで素材や形がわかるようになります。また、触覚は自分のからだと環境の境界を意識する役割も果たします。立っているときには足の裏が床を押し、座っているときにはお尻が椅子を、横になればからだ全体で床を押しています。私たちは触覚によって、からだと環境との境界を知ることができます。

③安心・信頼を育む働き

　子どもの肌にふれることで安心感、信頼感が育まれます。ふれあいによる愛着形成は触覚の中でとても大切な働きであるということができます。肌がふれあうことで、オキシトシン（愛情ホルモンとも呼ばれる）の分泌がうながされることがわかっています。生後1年の間に脳がオキシトシンの影響を十分に受けると、ストレスに強くなる、記憶力が良くなるというような効果が一生続くといわれています。

触覚を育てるためには、とにかくふれあってあそびましょう。マッサージやわらべうたなどが、おすすめです。

■ 生命感覚

生命感覚は、「食べる」「寝る」「あそぶ（日中の活動）」を中心とした生活リズムをつくる感覚のことで、自律神経を整える働きがあります。

生命感覚は、私たちのからだが健康か、不健康かを教えてくれる感覚であると言い換えてもいいかもしれません。私たちは健康であれば特に身体的な痛みや違和感を抱くことなく過ごすことができます。しかし、からだに何らかの不具合が生じたときにはそれを感知することができます。例えば、お腹がすいたときや、暑さ・寒さを感じるとき、のどが渇いたときや血圧が上がったときなど、からだに不具合が生じそうだというときには、何らかのかたちで知らせてくれるのが生命感覚であるということができます。

そうしたからだのバランスを調整するのは自律神経系です。自律神経とは、呼吸や消化、血液循環などをコントロールしている神経のことで、興奮や目覚めなどをもたらす交感神経と、リラックスした状態をもたらす副交感神経があります。交感神経と副交感神経のバランスが大切です。

生命感覚が乱れると、睡眠や食事、日中の活動すべてに悪影響が生じることになります。夜眠れない子どもや、日中ぼーっとして活動への意欲が見られない子ども、食が細い子どもなどはすべて、生命感覚が影響しているといえるでしょう。

生命感覚を育てるには

「食べる・寝る・あそぶ」の生活リズムを整えることです。食事は3食一定の時間にしっかりと落ち着いて食べる。夜は早めに眠り、朝は早く一定の時間に起きる。子どもの場合であれば日中は、からだを動かしてしっかりとあそぶことが大切です。人間はもともと日の出とともに目覚め、日の入りとともに眠っていました。こうした昔から行われていた当たり前の人の生活を、からだに思い出させましょう。

■ 運動感覚

運動感覚の働き

運動感覚には、以下の3つの働きがあります。

①自分のからだの部位同士がどんな位置関係にあるかを教えてくれる働き

目をつぶっていても自分の姿勢や手足の位置や動きがどうなっているかがわかります。

②姿勢を保持し、筋肉を微調整する働き

体幹により姿勢を保持し、筋肉を微調整してしなやかに動かします。

③自分のからだの大きさを知る働き

ボディーイメージともいわれ、頭の先からつま先まで自身のからだの大きさを把握します。

運動感覚がうまく働かないと、からだの各部位を連動させて（協調させて）動かすことができないため、あらゆる運動が苦手になります。また、日常生活では、乱暴な行動や、姿勢の保持が難しいためだらしのない行動が見られます。保育現場で見られる乱暴な行動やだらしのない行動は、この運動感覚が育っていないことが原因で生じることが多いと思われます。

運動感覚を育てるには

運動感覚を育てるためには、とにかく手足を動かすことがとても大切です。からだを使ったあそびだけでなく、お手伝いをすることも運動感覚を育てます。

・手足を動かしてあそぶ

歩くことや走ることを基本としながら、からだを使ったあそびはすべて運動感覚を育てます。例えば、手あそびやゴム跳び、あやとり、おりがみ、ボールあそび、石けり、木登り、コマ、ベーゴマ、けんだま、メンコなどです。

・お手伝い

実生活にかかわるお手伝いも運動感覚を育てます。例えば、窓拭き、床拭きなどさまざまな掃除、配膳、料理、食後の後片付け、食器洗い、雑巾絞り、洗濯物運び、洗濯物干し、洗濯物たたみ、洗濯物を片付ける、などです。

■ 平衡感覚

　平衡感覚は、からだの傾き、回転、前後上下左右の動きを感知する感覚です。
　また、私たちのからだがバランスを保ちながら動き、直立し、重力に対抗する力を感じる感覚でもあります。子どもがおおよそ1歳を迎えるころに初めて立ち上がり、一歩を踏み出すときや、高い場所でのスリルを感じる場面など、日常生活のさまざまな場面で平衡感覚が大きな役割を果たします。

　シュタイナーは、平衡感覚を「内なる平和」と関連づけました。これは、からだの動きにこころが調和している状態を指します。例えば、何かに手を伸ばしたり、歩いたりするときに、自分の存在がからだから置き去りにされず、調和の中で進む感覚です。この平衡感覚が健全に発達することで、こころとからだのバランスがとれた生活が可能になります。
　平衡感覚にトラブルが生じると、日常生活にさまざまな支障が生じます。例えば、ひとりでクルクルと回る、ぴょんぴょん跳びはねる、じっとしていられない、走り回る、高い所に登るなどです。これは、平衡感覚が十分に育っていないために、平衡感覚からの刺激が不足している、と感じるためです。
　じっとしていられない、走り回るなどの行動が日常生活で見られたら、平衡感覚を適切なかたちで満たすことが大切です。平衡感覚を満たしながら、長期的に育てていくことが発達支援につながります。

平衡感覚を育てるには

　子どもの平衡感覚を育むためには、ゆれあそびや回転あそび、上下にぴょんぴょん跳ぶようなあそびが有効です。抱っこでゆらすことなどのほか、ブランコ、トランポリン、自転車、一輪車、キックスケーター、木登り、竹馬、竹ぽっくりなどがあげられます。

ことばの発達と
コミュニケーション

　子どもが生まれ成長することは、親にとってとてもうれしいことですね。一方で、親が期待するように子どもが育たないことも多いものです。特に、ことばの発達がゆっくりな場合、ほかの子どもと比べてしまうことも多く心配になってしまいます。

　ここでは、ことばの発達とコミュニケーションについて、こんな事例から考えてみることにしましょう。

■ ケンジくんは恥ずかしがりや？

　2歳になったばかりのケンジくん。家庭ではニコニコと楽しそうにミニカーであそびます。絵本を読んでほしくて持ってきますし、お母さんが話すことばもある程度理解できるようです。

　しかし、ケンジくんは、ことばが出てこず、単語らしい単語はありません。「あーあー」とか「うーうー」という発音はありますが、それ以外はありません。

　子育て広場で出会う同じ年齢の子どもたちは、「ママ、こっちきて」とか、「おなかすいた」など、ずいぶんお話しできるのに……と、お母さん（お父さん）の気持ちは焦ります。　ケンジくんは人見知りも強く、初めての場所や人に慣れるまでは時間がかかるようです。

みなさんが、ケンジくんのお母さん（お父さん）だとしたら、どうしますか？
次の3つの選択肢の中から、選んでその理由も考えてみましょう。

①子どもの発達のスピードは、それぞれなので特に心配ないかなと思い、**そっと見守る**。
②ほかの同じくらいの年齢の子どもはよく話すのに、わが子はことばが出てこないのは心配なので、健診などで**相談する**。
③積極的にお話しできるように、子どもにことばを話して聞かせ、繰り返し話すようにうながし、**練習する**。

①そっと見守る？

確かにそのとおり、乳幼児期は発達の個人差が大きいので、過剰な心配は無用です。また子どもの伸びしろは計り知れないですから、できないことよりも、子どもの成長に目を向けて、そっと見守ることはとても大切です。

3歳の誕生日までに2語文が出てこなければ、3歳児健診時に保健師や小児科医に相談することをおすすめします。

②相談する？

心配することは、過剰な心配でなければ「何かできることはないかとあれこれ考える」という意味で、とても大切なことです。そして「親として相談したほうがいいかな」と思うときがグッドタイミングですから、専門機関で相談しましょう。

子どもの発達について相談できる場所は、地域の保健センターが最も身近な専門機関だと思われます。それ以外には、各地にある子育て支援センターもよいでしょう。子育て支援センターは、子ども・子育ての専門家である保育士がスタッフです。また地域によっては、療育センターや児童発達支援センターなどでも相談を受け付けていますし、役所の子ども担当窓口でも発達について相談することができます。そうした専門機関には、臨床心理士や公認心理師、言語聴覚士、作業療法士などの専門家が勤務していることがあるので積極的に相談してみましょう。

また、保育園や幼稚園などに入園していれば、最も身近な専門家は保育者です。さらに児童精神科のクリニックで直接受診することも可能です。児童精神科のクリニックがない場合は、小児科医の中には、発達をしっかり見てくれる医師もいますから、かかりつけの小児科医にまずは相談するということでもよいかもしれません。

③練習する？

これは、親であればついやってしまいがちなのですが、無理に話させようとしなくても大丈夫です。ことばの発達は実はデリケートです。無理に話させようとするとことばは余計に出てきづらくなるので、要注意です。ことばはコミュニケーションですから、「伝えたい」という気持ちを育てることから始めましょう。ことばのゆっくりな子どもとの関わりは、「焦らず」「急がせず」「みんなで支える」が基本です。

ことばの土台を育てよう

　ことばの発達は、発語が「あるかないか」に注目しがちですが、ことばが出てくるためには土台が育っていることが大切です。ことばの土台としては、①指さしがあるかどうか、②アイコンタクトがあるかどうか、③発声があるかどうか、④共同注意があるかどうか、の4点が挙げられます。

■ ①指さしの役割

　指さしは、ことばの発達において最初の重要な表現行動の一つです。1歳前後から指さしは見られるようになりますが、指さしにはいくつかの種類があります。

1）発見の指さし

　自分が見つけたものに対して、指さしをします。まだ、それをだれかに伝えたいという気持ちにつながっておらず、ものと子どもの関係のみが成立しています（二項関係）。

2）応答の指さし

　大人からの質問に対して、ものや方向を指さして答えます。絵本などを見ながら、「ブーブはどれかな？」と問いかけると、子どもが車を指さすことなどが応答の指さしです。この指さしにより、ものと子どもと大人の三者によるコミュニケーションが成立していることを意味します（三項関係）。

3）伝える指さし

　自分が欲しいものや行きたい方向などを指さして、相手に伝えようとする指さしです。「伝える指さし」は、自分の要求を伝えるために、指さしと同時に目を合わせて伝えたり、発声がともなったりすることもあります。自分の要求を伝えるための指さしであるため、「要求の指さし」ということもあります。

■ ②アイコンタクトの重要性

　生まれたばかりの赤ちゃんは視覚が未発達ですが、生後数週間で人の顔を識別し、

目と目を合わせる「アイコンタクト」を行うようになります。この行動は、親や周囲の大人との信頼関係を築く基盤であり、言語的なやりとりの出発点です。自分の思いを伝えるとき、指さしをするだけではなく、相手に目を合わせながら伝えているかどうかは、子どものことばの土台が育っているかどうかをみる大切なポイントです。アイコンタクトがうまく取れることで、子どもは相手の反応を観察し、自分の行動を調整する力を身につけます。また、アイコンタクトを通じて「一緒に何かを共有する」という感覚が養われ、共同注意へと発展します。

■ ③発声について

発声は、ことばの土台となる音声的コミュニケーションの始まりです。生後数か月の赤ちゃんは、泣き声やクーイング（「あー」「うー」などの声）で自己表現を行います。6か月ごろになると、バブリング（「ばばば」「まま」などの音の繰り返し）が始まり、これは後に具体的なことばへとつながる重要な段階です。

ことばの発達がゆっくりな子どもの場合、クーイングやバブリングがあるかどうかよく観察してみましょう。また、指さしをして、目を合わせて、何らかの発声があるかどうかも確認してみましょう。「指さし」「アイコンタクト」「発声」の3つが同時に生じているならば、基本的なことばとコミュニケーションの土台が育っているといえるでしょう。

■ ④共同注意について

共同注意とは、子どもが他者と一緒に特定の対象や出来事に注意を向ける能力です。これは、ことばの習得を支える基盤となります。指さしやアイコンタクトを通じて、子どもは他者と注意を共有する方法を学びます。例えば、子どもが指さしで示したおもちゃに対して大人が「それは車だね」と話しかけると、ことばの意味と対象物が結びつき、語彙が増えていきます。この相互作用が繰り返されることで、コミュニケーションの基盤が強化されます。

共同注意は、三項関係における代表的な関わりであり、子どもは大人から対象物についての社会的意味について学ぶようになります。

column

発達が気になる子どもとあそび

「うちの子の発達は大丈夫でしょうか?」。先日、Kくん(3歳)のお母さんからこんな相談を受けました。話を聞いてみると、大きなショッピングセンターで買い物をしている途中、ほんの少し目を離したすきに迷子になってしまったことが何度かあるといいます。家でも自分で玄関ドアのカギを開けて、駐車場まで行ってしまうそうです。手をつないで散歩をしているときにも、急に道路に飛び出して事故にあいそうになったことが複数回ある、ということでした。

3歳くらいまでの子どもが元気に走り回るのは、子どもらしい行動でからだを育てるためには大切なことだと思います。しかし、3歳で「迷子になる」「道路に飛び出す」といった行動がこれまでに何度も見られるのなら、これらは命にかかわることですから、私は早めに専門機関に相談することをおすすめします。

おそらくKくんは、運動面での問題はなく、ある程度ことばの理解と表出があるのでしょう。ことばが2語文まで出ていて、運動面でも「歩く」「走る」「ジャンプする」など基本的な運動ができていれば、「満3歳の発達はクリアしている」とみられるため、3歳児健診ではなんの指摘も受けていないと思います。衝動的な行動や、動きの多さについては、子どもが緊張しているなどの理由から、健診では見られないことがあります。

発達が気になる子どもに対して専門機関での発達支援も大切ですが、家庭では「長期的な視点で」「あそびを通して育てる」ことが大切です。「迷子」や「飛び出し」が生じる要因には運動感覚と平衡感覚の未成熟が関係していると考えられます。これらの感覚が未成熟な場合、からだの動きをコントロールすることができず、動きの多さと衝動的な行動へとつながってしまいます。それが、場合によっては「迷子」や「飛び出し」につながってしまうのでしょう。

Kくんのように運動感覚と平衡感覚の未成熟が見られる子どもには、ふれあいあそびやゆれあそび、回転あそびが有効です。

夕食後などのゆったりした時間に、子どもを膝の上にのせて、わらべうたなどに合わせて前後にゆらしてみましょう。子どもの運動感覚や平衡感覚を育てる手助けになることでしょう。

あそびのポイント

　このあとの第2～4章では、子どもの「運動面」「生活面」「ことば」の心配ごとを取り上げ、それらにアプローチするあそびを紹介していきます。次の「あそびのポイント」を意識しながら、楽しんで取り組んでみましょう！

①「できる」「楽しい」「またやりたい」のサイクルがあそびの基本

　子どもが「できた！」と感じる瞬間を大切にし、小さな成功体験を積み重ねることで、自信や意欲が育まれます。

②ふれあいが安心感を育む

　ふれあいながらあそぶことで、子どもは安心感を得られます。この安心感が、新しいあそびへの挑戦や、創造力の発揮につながります。

③「やらせる」ではなく「一緒に楽しむ」

　親が指示するのではなく、子どもと同じ目線で一緒にあそびを楽しむことが大切です。乳幼児期の子どもは大人をまねすることで学びます。

④「痛いけど楽しい」あそびで丈夫なからだをつくる

　転んだり、ぶつかったりする経験は、子どものからだの感覚を育てます。多少の痛みをともなうあそびも取り入れながら、大けがをしにくい丈夫なからだを育みましょう。

⑤ほめることで自信を育む

　子どもが何かを達成したり、頑張ったりしたときには、しっかりほめることが大切。ほめることで自信が育まれ、次への意欲がわいてきます。

本書の参考文献

・国立特別支援教育総合研究所「令和3年度 保育所、認定こども園、幼稚園における特別な支援を要する子どもの教育・保育に関する全国調査 調査結果報告書」2024年
・健康づくりのための睡眠指針の改訂に関する検討会「健康づくりのための睡眠ガイド2023」厚生労働省,2023年
・本間雅夫・鈴木敏朗『わらべうたによる音楽教育』自由現代社,2002年
・稲田浩二・稲田和子『日本昔話100選』講談社＋α文庫,1996年
・OECD時間利用データベース（https://www.oecd.org/en/data/datasets/time-use-database.html）
・山下直樹『「気になる子」のわらべうた』クレヨンハウス,2018年
・日本小児栄養消化器肝臓学会・日本小児消化管機能研究会編「小児慢性機能性便秘症診療ガイドライン」診断と治療社,2013年
・山下直樹監修「遊びのポイント」刈谷市中央子育て支援センターラッコちゃんルーム,2019年

第2章

あそび編

運動面の心配ごと

歩かない・走らない

関係する感覚　触覚　生命感覚　**運動感覚**　平衡感覚

 どんな行動？

- はいはいをしない
- 2歳近くになっても歩かない
- おすわりスタイルで移動する

解説　子どもが歩き始める時期

　子どもが歩き始める時期は、おおよそ1歳前後です。ただし歩き始める時期については個人差が大きいので、10か月から歩き始める子どももいれば、1歳半健診でまだ歩いていないという子どももいます。1歳8か月を過ぎても歩かないときは、保健センターなどで一度相談してみましょう。

　また、歩き始めがゆっくりな子どもは、筋力が弱い可能性があります。興味のある方向へ歩こうとするかどうかなど歩こうとする欲求があるか観察してみましょう。

専門家の視点　どうすればいい？

　なかなか歩き始めないと、心配になるかもしれません。しかし無理に歩かせようと手を引いたり、歩行器を使ったりするのは逆効果です。子どもの発達はまるで階段をのぼるように進んでいきます。寝返りやおすわり、はいはいなどが順番にできるようになることで、歩くために必要な筋力がついていきます。

　そして歩くためには、歩くために必要なからだ育てと、歩くための足づくり＝足育てが必要です。あそびを通して踏ん張る力、蹴る力、バランスをとる力を育てることができるので、子どもの状態に合わせながら取り組んでみましょう。

> あそびの処方箋
足の裏を触ってみよう

POINT
- 歩き始める前の子どもの足の裏をマッサージするように触ります。
- 足の裏だけでなく、指やかかとにもふれてみましょう。
- 少し強めのはっきりとした刺激のほうが好きな子どももいます。嫌がらなければ、力を入れて触ってもOK。

┃足の裏マッサージ

- 親指の腹を使って足の裏をくまなく横に触ります。
- 次に足の上から下に（小指からかかとまで）縦に触ります。
- 足の裏を触ったときの感触はどうでしょうか？ ふわふわで柔らかいなら、まだ筋力が育っていないようです。きゅっとしていて弾力があれば、足の裏の筋力が育っていると思われます。

> あまり反応がないようなら、まだ足に意識が向いていないので、強めに刺激してあげましょう。

┃足指マッサージ

- 子どもの足の指の付け根に近い部分を持ち、親指の腹でくるくると回します。
- わらべうたなどをうたいながらマッサージをしてあげるのがGood！

> 親指から小指までゆっくりと行います。

第2章 あそび編 運動面の心配ごと

あそびの処方箋

たくさんはいはいしよう

歩かない・走らない

POINT
- 子どもは歩き始める前段階で、さまざまな動きを体験します。
- その1つがはいはい。子どもがはいはいをすることができるようなスペースをつくりましょう。
- はいはいをたくさんすることで、歩くための筋力が自然に身につきます。

ボールであそぼう

- 大人は子どもと目線を合わせ、声をかけながら子どもにボールを示します。
- 子どもはそのボールに興味を示し、手をのばし、近づこうとします。
- 子どもの意欲が増すように、鈴などの音が出るボールやお気に入りのおもちゃでもよいでしょう。

大人の顔が見えると子どもも安心。

はいはいトンネルくぐり

- 大人が身体でトンネルをつくって、そこを子どもがくぐります。
- 進む方向が定まるので、目標に向かって移動する力が育ちます。
- 「ここにトンネルがあるよ〜！」などと声をかけてもよいでしょう。
- もうひとりの大人が出口で待っていると、「そこまで行きたい」という意欲が育ちます。

はいはいができるようになったら

あそびの処方箋

でこぼこな道であそぼう

POINT
- 歩き始めるには、全身の体重を支えられるよう、足裏の感覚を育てる必要があります。
- はだしで過ごすことで、踏ん張る力、蹴る力、足裏でバランスをとる力などが育ちます。
- 転んでも大丈夫。すぐに抱き上げずに、見守りましょう。

いろいろな素材にふれよう

> はだしで過ごすことで、足裏からさまざまな刺激を受けます。

- 石畳の上、砂利の上、フローリングの上、芝生の上など足裏から刺激を受けることで、足裏の感覚が育ちます。
- 足の指を使って、足裏全体で砂をつかみながら歩くことで、足裏の筋肉が育ちます。

でこぼこな道であそぼう

- 舗装されていないところを歩いたりあそんだりすることで、足首や足の裏に適度な負荷がかかり、歩くための力が育ちます。
- 子どもが転んで泣くと、つい抱っこしたくなりますが、ちょっとびっくりして泣いているだけなので大丈夫。
- 泣くのは愛着行動の一つです。近くでお父さん、お母さんが見守ってくれて、背中をトントンしてくれれば安心して、また歩こうとし始めますよ。

第2章 あそび編 運動面の心配ごと

じっとしていられない

関係する感覚　触覚　生命感覚　運動感覚　平衡感覚

✓ どんな行動？

- 座ってお話を聞けない
- 食事中に立ち歩いてしまう
- 病院やスーパーなどで走り回ってしまう
- 頭やからだが常に動いている

解説　なぜ、じっとしていられない？

■ 運動感覚が育っていない【体幹の弱さ】

　動かずにじっとするためには、姿勢を保持する筋力が必要です。じっとしていられないのは、運動感覚の3つの働き（p.22）のうち、姿勢を保持する力（体幹）の弱さに要因があります。体幹の弱さがあると、姿勢を保持できないためじっとしていられずに動きの多さ（多動傾向）や、姿勢が崩れやすいなどだらしのない行動につながりやすくなります。

■ 平衡感覚が育っていない

　平衡感覚では前後・上下・左右・回転の動きを感知します。それらを感知する力が弱いと、より強い刺激を求めて動き回るようになります。

■ 刺激に対する反応が大きい

　環境からの刺激に対して、反応が大きく出やすい子どもがいます。聴覚では、窓の外からの車が走る音や、ほかの子どもたちの話し声、またはテレビなどの音に大きく反応してしまうことがあります。視覚では、雑然とした環境で興味のある対象が目に入ることで注意がそれ、結果的に動き回ってしまうことがあります。

専門家の視点 **どうすればいい?**

■ 運動感覚【体幹】を育てるには

　体幹を育てるとは、重力に対抗する力を育てるということでもあります。体幹が弱いと、重力によってより楽な姿勢を好むようになります。楽な姿勢を好むと背筋が曲がり、床にゴロゴロと転がったり、机に突っ伏したりします。

　体幹を育てるためには、「歩くこと」「走ること」が基本となります。舗装された道だけではなく、でこぼこ道も歩いてみることで、体幹を意識することにつながります。じっとしていられない子どもと一緒に、いろいろなやり方・場所で歩く、走る、ジャンプするなどをしてみましょう。

■ 平衡感覚を育てるには

　平衡感覚を育てるには、ゆれる・回転するあそびをしてみましょう。ゆれるあそびや、回転するあそびをたくさんすることで、前後・上下・左右・回転の動きを感知できるようになり、平衡感覚が刺激され育ちます。平衡感覚が育つことによって不必要な刺激を必要としなくなるので、落ち着いていられるようになります。

■ 刺激に対する反応が大きいことへの対応は

　刺激に対する反応が大きい子どもに対しては、なるべく環境からの刺激を少なくすることが大切です。特に視覚と聴覚への刺激には注意が必要です。窓やカーテンを閉めるだけで、視覚と聴覚の刺激を少なくすることができます。また、興味をひくおもちゃの棚には布をかけるなどの工夫も必要でしょう。外出するときには、なるべく静かな場所を選ぶか、外食先では座る場所からたくさんの物が見えないように、壁に向かって座るなどの工夫ができます。

　刺激への反応が大きい子どもは、興奮しやすいことも特徴の一つですから、気持ちが高ぶる前に静かな場所に移動することが大切です。また、ぎゅっと抱きしめたりそっと手を握ったりすることで触覚が刺激され、落ち着くこともあります。

第2章 あそび編 運動面の心配ごと

[あそびの処方箋]

抱っこでゆらそう

じっとしていられない

POINT
- 子どもを抱っこすることも、子どもの発達をうながす大切なあそびです。いろいろなバリエーションで子どもを抱っこでゆらすことで、運動感覚や平衡感覚を育てます。
- ぎゅっと抱きしめられることで、子どもは落ち着き安心します。

抱っこでゆらゆら

首と腰が安定する1歳から

- ぎゅっと抱きしめながら抱っこをして、ゆっくりと揺らしてあげましょう。
- 抱きしめることで子どもは安心します。

ひこうき抱っこ

2歳から

- 子どもの両足を大人が抱え、腰の位置まで水平に持ち上げます。飛行機のように両手を水平に広げてみましょう。
- からだを反(そ)ることで体幹を鍛えることができます。
- 大人は腰に気をつけて！

あそびの処方箋

大きくゆらそう

POINT

- 大きくゆれるあそびにチャレンジしてみましょう。
- 子どもが一人ではできないことも多いので、大人と一緒に楽しむことが大切です。楽しみを共有することも大切なポイント。
- じっとしていられない子どもの中には、こうしたゆれるあそびが大好きな子どもと苦手な子どもがいます。子どもが嫌がるときは無理せず、ゆれの強さにも気をつけながら行いましょう。

布ブランコ

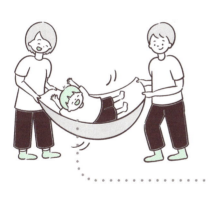

- 子どもを毛布やシーツなどの大きな布の中に寝かせて包んであげましょう。
- 両端を大人が持ちゆっくりと揺らします。歌をうたいながらゆらすと、より楽しくあそべます。
- 安全に注意して低い位置から行いましょう。

怖がっていないか、子どもの表情を確認します。

タオルでそりあそび

- 子どもは大きいタオルに乗って、大人がタオルを引っ張ってそりあそびをします。
- 前、横、後ろなどいろいろな方向へゆっくり動かしてみましょう。
- 不安定な布の上でバランスをとることで、姿勢を保つ力を育てます。
- 急に強く引っ張って、座った子どもが頭をぶつけないように気をつけて。

出発進行！

あそびの処方箋

バランスをとってゆれよう

じっとしていられない

> **POINT**
> ・ゆれを感じることで、平衡感覚が刺激を受け、満たされます。
> ・ゆれる中でからだをまっすぐに保つことにより、体幹が育ちます。

フラミンゴみたいに立ってみよう

- フラミンゴみたいに片足で立っていられるかな？ 10まで数えられたらすごい！
- 難しい場合は、大人が両手をつないで支えてあげましょう。

馬あそび

- お父さんのお馬に乗ってみましょう。
- 子どもが落ちないように、前後左右にゆれてみます。
- ゆれる馬に乗ることで、平衡感覚が満たされます。

足を開いてしっかりとまたぐことで、からだが安定します。

40

あそびの処方箋

回転してあそぼう

POINT
- くるくる回転するあそびは、子どもが大好きなあそびです。
- 平衡感覚を刺激することで、子どもは満たされます。

だっこでぐるぐる

- 両脇から抱えてしっかり抱き、「ぐるぐる〜」と声をかけながらその場で回転します。
- 最初は、大人の顔が見えるように向かい合って抱っこしてもよいでしょう。
- ゆっくりとした速さで回ります。子どもが怖がらないようであればスピードを上げてもOK。

ぐるりんぱ

- 子どもと大人は手をつなぎ、逆上がりをするように足で大人のからだを蹴って、一回転します。
- 大人がひざを曲げると安定し、子どもも登りやすくなります。
- けがに気をつけて、勢いをつけすぎないようにしましょう。

第2章 あそび編 運動面の心配ごと

41

人や物によくぶつかる・乱暴な行動がみられる

関係する感覚　　触覚　　生命感覚　　**運動感覚**　　**平衡感覚**

✓ どんな行動？

- 歩いていて人や物によくぶつかる
- 転びやすい　● 物を投げる
- お友だちを叩いてしまう

解説　なぜ、ぶつかる？　なぜ、叩いてしまう？

■ ぶつかるのは、自分のからだを頭の先からつま先まで把握できていないから

　子どもは自分のからだを頭の先からつま先まで、その大きさや動きを把握できているわけではありません。これは大人でも多少そういうことがあります。たんすの角に足の小指をぶつけて痛い思いをするとか、車に乗る際にルームミラーに頭をぶつけることは大人でもあります。自分のからだの大きさや動きを把握する力をボディーイメージといい、その未成熟さがあると物や人との距離感がうまく把握できずにぶつかってしまうことがあります。

■ 叩いてしまうのは、からだをコントロールする力の弱さのため

　私たちは筋肉によって、からだの動きをコントロールしています。大きな筋肉は、瞬発力が必要な運動や大きな力を必要とするときに使います。小さな筋肉は、バランスを調整したり、微細な動きをコントロールしてスムーズに動いたりするときに使います。
　乳幼児が物を投げたり、ほかの子どもを叩いたりしてしまうのは、小さな筋肉をコントロールしてうまく使えていないからです。小さな筋肉が使えないと、本人は物をそっと置いているつもりでも、投げてしまったり、乱暴に扱っているように見

えたりしてしまいます。「やめてよ」という意味でそっとお友だちに触れば問題は起きませんが、力の加減がわからずにドンと突き飛ばしてしまってトラブルにつながることもあります。

専門家の視点 ▶ どうすればいい？

からだを使ったあそびは自由に動くことができるからだをつくります。

くぐりあそびや、ジャンプあそび、おしくらまんじゅうのような押し合ったりするあそびは、自分のからだを知ることに加えて、力の加減をコントロールすることを育てます。

ちょっと痛い思いをすることも時には大切です。子ども同士であそびながら少しくらい手が出てしまっても大丈夫です。ちょっと痛い思いをすることで、大けがをしないからだになっていきます。

コラム ▶

「痛たのしいあそび」が子どもを育てる

子どもがあそぶ中で「ちょっと痛い経験」をすることは、成長においてとても重要です。しかし近年、一部の保育現場ではブランコを取り外すなど、子どものあそびを制限する動きがみられます。その理由は、事故を未然に防ぐためや、けがへの保護者の敏感な反応にあるようです。たしかに、大けがを防ぐことは大切ですが、過度な制限は子どもの自由で創造的なあそびを奪ってしまいます。あそびを制限することで、その場でのけがを防ぐことができたとしても、長期的には「大けがをしやすいからだ」になってしまう可能性があります。

子どもがあそべばちょっとしたけがをします。そして痛い経験をたくさんした子どもは、大けがをしない。大けがをするのは、転んでも手をつくことができないような、あそびの経験が少ない子どもです。

みなさんは、「しっぺ」や「デコピン」などのちょっと痛いあそびを、子どものころにしませんでしたか？ 子どもがこういうちょっと痛いけど楽しいあそびが好きなのは、自分のからだがどれくらい強いか、どの程度の強さで叩かれると血が出てしまい、耐えられないのかを試しているのです。そのようなあそびを私は「痛たのしいあそび」と呼んでいますが、「痛たのしいあそび」をたくさん重ねて、どうすれば大けがをしなくなるのかを学んでいくのです。

「痛たのしいあそび」をたくさんしましょう。そして大けがをしないからだを育てましょう。

いろいろなジャンプであそぼう

あそびの処方箋

人や物によくぶつかる・乱暴な行動がみられる

> **POINT**
> - 平衡感覚を刺激し育てるジャンプあそびをしてみましょう。
> - 2歳になるまでは、補助をしながら子どもとジャンプを楽しみましょう。
> - 2歳を過ぎたら両足跳びにチャレンジ、4歳前後では片足跳びであそんでみましょう。

座布団でジャンプ

- 補助をしながら、座布団の上でジャンプをしてみましょう。
- 「ジャンプクッション」やトランポリンなどを使用してもOKです。
- かけ声に合わせてジャンプする練習をすることで、からだの動きを調整する力が育ちます。

「いち、に、さん！」と声をかけて持ち上げるとGood！

どうぶつジャンプ

- ウサギやカエル、バッタなどになりきってジャンプしてみましょう。
- ポーズを維持しながらジャンプすることで、姿勢を保つ力が育ちます。

跳び越えてジャンプ

- たたんだタオル、やわらかいぬいぐるみ、牛乳パックなどで小さな山をつくります。
- 子どもは両足、または片足でジャンプして山を跳び越えます。
- 最初は大人と手をつなぎ、跳び越える方向へタイミングを合わせて引いてあげるとよいでしょう。

ボールをはさんでジャンプ

- 足にボールをはさんで、ジャンプします。
  ①その場でジャンプする
  ②ゴールを決めてゴールまでジャンプする
  ③チームに分かれて競争する
  など、アレンジをしてもよいでしょう。

ケンケンパ

- 片足でのジャンプができるようになると、子どもはいろいろな場所でケンケンパを楽しみます。
- 地面に円を描いてあそんでもいいですし、池の飛び石などでもできます。

第2章 あそび編 運動面の心配ごと

あそびの処方箋

おすもうごっこであそぼう

人や物によくぶつかる・乱暴な行動がみられる

POINT
- からだ全体で押し合うことは、からだをコントロールする力を育てます。
- 力の入れ具合を調整する力が育ちます。

おしくらまんじゅう

- 背中や腕で押したり引いたりすることで、力加減を調整することができるようになります。
- 円の中や新聞紙の上で行い、そこからはみ出ないようにゲーム感覚でやっても楽しいでしょう。

ちびすけどっこい

♪ ちびすけどっこい　はだかでこい
　 ふんどしかついで　はだかでこい
　 はっけよい　のこった

- 向かい合ってうたいながらしこをふみ、「はっけよいのこった」で、大人のからだを押します。
- 足を踏ん張り、全身の力を入れて大人のからだを押すことが大切です。

あそびの処方箋

くぐってあそぼう

POINT
- くぐりぬけるために頭を下げたり、足を上げることで自分のからだの大きさや、動きを知ることができます。
- 大人のからだを使ったり、ロープや段ボールを使ってもよいでしょう。
- 自然の中で草むらをよけたり、木をまたいだりすることも自分のからだを知ることにつながります。

おうちの中で、なんでもくぐってみよう

- 椅子と椅子の間にバスタオルをかければ、子どもにとって、そこはトンネル。
- テーブルの下や、お父さんが広げた股の下でもオッケー。家の中はトンネルがいっぱいです。

いろはにこんぺいとう

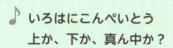

♪ いろはにこんぺいとう
　上か、下か、真ん中か？

- ロープの間をくぐるあそびも楽しい。
- 「いろはにこんぺいとう」でさまざまな形をしたロープの間をくぐってみましょう。

第2章 あそび編　運動面の心配ごと

あそびの処方箋
ぶら下がったり、よじ登ったり

人や物によくぶつかる・乱暴な行動がみられる

POINT
- ぶら下がることで、腕や肩の筋力がつきます。
- 体幹が育つことで、からだの動きをコントロールする力が育ちます。

お父さんにぶら下がってみよう

- 大人はしっかりと立ち、子どもは腕にぶら下がります。
- しっかりぶら下がれるようになったら、前後左右にゆらしてあげましょう。

お父さんの木にのぼっちゃおう

- 公園などでの木登りが難しい現代は、「お父さんの木」に登って木登りをしてみましょう。
- 子どもはお父さんの腕にしがみつき、お父さんの膝に足をかけて、肩車の状態になるまで登ります。
- 「お父さんの木登り」が難しい子は、お父さんに四つん這いになってもらい、「お父さんのお馬」に登ってみましょう。

どこにつかまり、どこに足をかけるかを考えながらよじ登ることで、からだの使い方を知ることができます。

48

<あそびの処方箋>

歩こう・走ろう

POINT

- いろいろな場所で歩いたり、走ってあそぶことを経験することで、からだの使い方やバランスを育てることにつながります。
- 発達段階を考慮することも大切です。よちよちと歩き始めたばかりの子どもの手を引いて無理に走らせる必要はありません。
- 大切なことは、笑顔で喜んでできること、転んでも痛くない環境で歩く、走るを体験することです。

第2章 あそび編 運動面の心配ごと

大人と手をつないで歩く・走る

- 手をつないでゆっくりスローモーションで歩くことによって、からだをコントロールすることができるようになります。
- 手をつないで走るには、相手に合わせてスピードを調節する力が必要です。大人は子どもより少しだけ早めに走ってみましょう。

斜面を歩こう・走ろう

- 不安定な場所を歩いたり、走ったりすることで、からだの支え方や動かし方を意識します。
- 動きには目の動きが先行するので、移動する先をよく見ることも大切です。

49

手先の不器用さがある

関係する感覚　　触覚　　生命感覚　　**運動感覚**　　平衡感覚

 どんな行動？

- 手づかみで食べる
- 食べこぼしが多い
- 乱暴に物を扱う
- 靴下がはけない
- はさみを上手に使えない

解説 なぜ、手先が不器用なのか？

■ からだ全体を調和的に動かせない

　手先の動きは、からだ全体の動きと関連しています。一般的に、細かい指先の動きへと発達するためには、「中心部から末端部へ」という発達の道筋をたどる必要があります。

　生まれたばかりの子どもは、仰向けに寝て手足をバタバタさせるだけです。首がすわり肩の関節が安定してくると興味のある物に手を伸ばします。生後6～7か月ごろに見られるこうした行動をリーチングといいます。この段階では、まだ指先まで発達していないので、つまむことができません。その後、細かい指先の動きが可能になり、指先でつまむことなどができるようになります。

　つまり、手先の不器用さが見られる場合には、からだ全体を調和的に動かして活動することに何らかのトラブルが生じていると考えられます。

●子どものからだの発達は「中心部から末端部へ」進む

無目的に手足を動かす

目的物に手を伸ばす

指先を使ってものをつまむ

■ 目と手の協応のトラブル

　すべての動きは目の動きが先行します。不器用さについては、見るべきところを見ることができないために手先の不器用さが生じると考えられます。
　子どもの手先の不器用さは、目と手の協応が未発達であることが要因の一つであると思われます。目で物の位置や動きを把握し、その情報をもとに手先を動かす目と手の協応は、手を使う繰り返しの経験を通じて発達します。目と手の協応を育てるには、あそびや日常生活を通して、手や指を使う活動が重要です。

専門家の視点　どうすればいい？

　不器用さは指先の動きだけでなく、手首や肩の関節、目の動き、からだ全体の調和的な動きと関係しています。大きくからだを動かすようなあそびから始めて徐々に細かく手先を使うようなあそびに発展させていきましょう。
　子どもが「できないこと」は気になってしまうので、手先の不器用さがあるとつい大人はその練習をさせたくなってしまいます。例えば「はさみが上手に使えない」子どもには、「はさみの練習をさせなければ」と思ってしまいがちです。しかし、そうすると子どもはできないこと、苦手なことばかりやらされるので、嫌になってしまいます。そうではなく、まずは、大きくからだを動かしてあそんでみましょう。
　また、不器用さには、見るべきところを見る力が弱いために生じることがあるので、手元をよく見ることを教えることも大切です。

あそびの処方箋

お手伝いあそび

手先の不器用さがある

POINT
- 子どもにとってはお手伝いもあそびです。大きくからだ全体を動かすことから始めて、徐々に細かい動きにつなげていくことが大切なポイント。
- 子どもは、まねをしながら学びます。まずは親子で一緒にやってみましょう。

テーブル拭き

- 絞ったふきんを広げて、テーブルの隅から隅まで丁寧に拭きます。
- テーブルのどの位置を拭くのか「しっかりと見る」ように声をかけると、子どもも意識することができます。

拭いている位置をしっかり見ます。

おそうじ・かたづけ

- おもちゃの箱などちょっと重いものを運ぶことは、筋肉の微調整を必要とします。このとき、親指をほかの指から独立させて持つことが大切です。
- また、ゴミをほうきで掃く、ちりとりでとるためにしゃがむなども、全身を調和的に動かす運動感覚を育てます。

あそびの処方箋
ふうせんであそぼう

POINT

- ゆっくりと動くふうせんをよく見ながら、からだを動かすことは、目とからだの協調性を育みます。
- ふうせんで上手にあそべるようになったら、ボールを使ってあそんでみましょう。
- ふうせんが割れる音を怖がる場合もあるので、注意が必要です。

ふうせんふれあいあそび

- まずは、自由にふうせんであそんでみましょう。
- ふわっと浮かぶふうせんにあわせて、子どもたちがふうせんをよく見ているか注目してみましょう。
- 力の加減によってふうせんの動きが変わります。そっとふれたり強くふれたりして動きの変化に気づけるとGood。
- 素材を変えて紙ふうせんであそぶと、感触や音、空中での浮かび方が変わるのでおもしろい。

ふうせん的あて

- つるしたふうせんの的に、丸めた新聞紙を投げてあそびます。
- ねらいを定めて投げることで、目とからだの協調性を育みます。

第2章 あそび編 運動面の心配ごと

あそびの処方箋
あやとりをしてみよう

手先の不器用さがある

POINT

- あやとりは、細かい手の動きを育てることができます。両手を使うので、左右の手の協調性も高まり、また手元をよく見る必要があるので、目と手の協応性が育ちます。
- はじめてのあやとりは、大人が教えてあげる必要があります。簡単な「ほうき」などから始めてみましょう。
- ひもは、太すぎると子どもには扱いにくく、細すぎると絡まりやすくなります。100円ショップでもあやとり専用のひもが売っています。毛糸などでも代用できます。

ほうき

①両手の親指と小指にひもをかける。

②右手にかかっているひもを1回ひねって、

③左手の中指でとり、両手を開く。

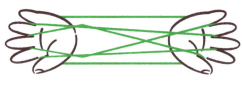

④右手の中指で、左手にできた輪を下からすくう。

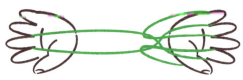

⑤両手を合わせ、左手の親指と小指にかかっているひもをはずし、両手をひらくと「ほうき」の完成。

あそびの処方箋

おりがみ・新聞紙であそぼう

POINT
- ちぎる、折る、とばすというあそびをたくさんしましょう。「楽しいあそび」は子どもの好奇心をかきたてます。
- 紙を運ぶ、ちぎった紙を集めるという、準備や片付けも子どもの発達をうながします。

第2章 あそび編 運動面の心配ごと

新聞紙をちぎってあそぼう

ちぎることで指先を意識するため、指先の発達をうながします。

- 新聞紙をたくさん準備して、子どもたちとちぎってあそびます。
- ゴミ袋を用意しておき、おわったらちぎった新聞紙を子どもと一緒に片付けます。
- 大人と一緒に行うことで、子どもたちは片付けも楽しいあそびとして行います。

いろいろかみひこうき

- おりがみを使って、いろいろな紙飛行機を作ってみましょう。
- はじめは簡単なものを、大人がお手本を見せることが大切です。
- 「楽しい」「できる」と思うと、子どもは自分からやり始めます。

55

姿勢が悪い

関係する感覚 　触覚　　生命感覚　　**運動感覚**　　**平衡感覚**

✓ どんな行動？

- 常に床にゴロゴロと横になっている
- 猫背になる　●椅子に浅く座る、足を上げて座る

解説　なぜ、姿勢がわるい？

　体幹とは、頭や手足を除いた胴体部分の筋肉の集まりのことです。具体的には、腹筋や背筋、腰回り、骨盤底筋など、からだの中心部を支える筋肉群のことをまとめて体幹といいます。これらの筋肉は姿勢を保つ役割や、手足を動かす際の土台として機能します。

　体幹は正しい姿勢を維持し、立つ、座る、歩くなどの日常的な動作をスムーズに行うために重要な役割を果たします。手足を使ったあらゆる動作も、土台としての体幹が安定していないと、力がうまく伝わらず、動きがぎこちなくなります。したがって、姿勢の悪さは体幹の筋力の弱さによるものと思われます。

専門家の視点　どうすればいい？

　ゆっくりと楽しくふれあいながら動きを楽しむようなあそびでも十分に体幹を育てることができます。室内では、激しい運動である必要はないので、姿勢を保つようなあそびやゆれを楽しむようなあそびをしてみましょう。

　屋外では、木登りや丘すべり、ターザンロープなどでダイナミックにあそんでもよいでしょう。とにかくからだを動かしてあそぶことで、「生涯動けるからだの土台づくり」をすることができます。

あそびの処方箋
バランスをとってあそぼう

> **POINT**
> ・子どもが足の上でバランスをとることで、体幹が意識されます。
> ・はじめは子どもが怖がらないように、子どもの両手を支えながらやることが大切。

足にのっていっしょに歩こう

- 子どもの両手をとって、大人の両足の上に子どもの両足をのせます。
- ゆっくりと子どもを左右にゆらしながら、前後に歩きます。
- 子どもはバランスをとりながら、ゆらゆらと歩くので体幹が育ちます。

うまく歩けない場合は、両脇を支えてあげるとよいでしょう。

ひこうき

- 大人は寝転んで、子どもは大人の両足をお腹に当てて、前方へ倒れます。
- 足の上にのるのを怖がる場合は、すねの上でもOK。様子を見ながら高さを調整します。
- 大人はタイミングを見計らって足で子どもを持ち上げます。
- はじめは子どもの両手を支え、慣れてきたらそっと手を放してみましょう。

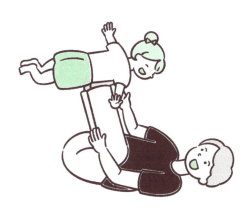

第2章 あそび編 運動面の心配ごと

[あそびの処方箋]

跳んだりはねたりしよう

姿勢が悪い

POINT
- 広い場所がなくても、道具がなくても大丈夫。親子で楽しくあそべます。
- テレビを消して、スマホを手放してやってみましょう。
- 親子で一緒にすることで、子どものこころも満たされます。

走って跳んで

- 大人は両足を開いて座ります。
- 子どもは大人の周囲を走りながら、足の間をぴょんと跳び越えます。
- 2～3歳くらいで両足跳びができるようになったら、大人の足を両足で跳び越えてみましょう。
- 慣れてきたら、「10、9、8、……」とカウントダウンをして、時間内に何周できるかゲーム感覚で楽しみましょう。

跳び越してくぐろう

- 大人が足を伸ばして座ったところを跳び越えます。
- 次に大人は腰を持ち上げ、子どもは大人の背中の下をくぐりぬけます。
- 子どもと大人が協力してタイミングを合わせましょう。

一緒にあそんでいる感覚がわいて、子どものこころも満たされます。

58

あそびの処方箋

いろいろ歩き

> **POINT**
> ・からだをしっかり支えられるようになったら、いろいろな歩き方に挑戦してみましょう。
> ・いずれも大人と一緒にできるあそびです。子どもは大人のまねをするのが好きなので、こころも満たされます。

アザラシあるき

- 手のひらを床にしっかりついて、両腕で進みます。
- できるようになったら、後ろ方向で進んでみましょう。

アヒルあるき

- しゃがんで背筋を伸ばした姿勢で歩きます。
- 腰を左右に振るようにすると、少し楽に進めます。

手押し車で歩こう

- 手押し車は、腹筋や背筋、腕の力を使うダイナミックな運動です。
- 子どもが動きづらい場合は、低い位置で脚を持ってあげると楽に前に進めます。

> 子どもは手のひらをいっぱいに開きます。

第2章 あそび編 運動面の心配ごと

あそびの処方箋

運んであそぼう

姿勢が悪い

> **POINT**
> - 物を運ぶためには、物を持つ指先の力と、物を支えたまま移動するための体幹がしっかりしている必要があります。
> - 手元を見る、前方を見る、周囲を見るという、見る力を養います。
> - 物を運んで降ろすには、見る、物にそっと触れる、力を入れて運ぶ、そっと降ろすなど、力の入れ具合をコントロールすることが必要です。

お盆で運ぼう

- ままごとあそびで、お盆におわんやコップなどをのせて運びます。
- 「どうぞ」と言って、テーブルの上に置いたり、テーブルの上の食器をお盆の上にのせて運びます。

> 腕を水平に保つ、手指のつまむ力と握る力を育てます。

頭の上にのせて運ぼう

- 頭の上に本や新聞紙などをのせて運んでみましょう。
- 頭の上にのせた本を落とさないように、からだの中心を意識します。
- 4つ折りにした新聞紙をのせると、軽いので歩きやすい。

あそびの処方箋

すべったり、転がったり

POINT

- 座ってすべるためには、からだをまっすぐに支えられるよう、体幹を意識する必要があります。
- 床に寝て、体幹をひねりながら転がることは、平衡感覚を育てます。

芝すべり

- 段ボールなどを敷いて、芝生の坂をすべってみましょう。
- 怖がるときは、親子で一緒にすべってもOK。
- 芝生の坂がない場合はすべり台でもOK。公園の遊具であそぶことも、からだの土台をつくります。

> すべりながら倒れないように体幹を意識します。

いもむしごろごろ

- あごを引いて床をゴロゴロと転がってみましょう。
- 体幹を意識してひねり運動を引き出すことで、体幹にあるさまざまな筋肉を育てます。
- 「いもむしごろごろ〜」と、うたいながらやってみましょう。

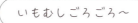

いもむしごろごろ〜

第2章 あそび編 運動面の心配ごと

61

column

ほかの子と比べて悩んでしまう

　子育てをしていると、「うちの子、発達障がい？」と不安になる瞬間があるかもしれません。その気持ちはごく自然なものです。そして、その不安な気持ちが大きくなるのが、ほかの子どもと比較するときです。

　子どもの成長について考えるとき、どうしてもほかの子どもと比べてしまいがちです。「あの子はもうこんなに話せるのに」「同じ年の子はこんなことができるのに」——そんな風にほかの子どもと比較し始めると、不安はどんどん膨らんでしまいます。しかし、子どもの発達には個人差があります。歩き始める時期や言葉が出始める時期は、その子その子で違うものです。発達が早い子もいれば、ゆっくりなペースの子もいます。

　大切なことは、比べる相手を「ほかの子ども」ではなく「以前のその子自身」にすることです。1年前のわが子を思い浮かべてみてください。どれだけ成長しているか、きっと驚くはずです。手づかみで食べていたのにスプーンを使えるようになったり、単語だけだったことばが「パパ、きて」「ママ、すき」のような二語文になっていたり。そんな小さな一歩が、子どもにとっては大きな成長の証です。その瞬間瞬間を記録しておくことで、親としてもその喜びを実感しやすくなります。

成長の記録をつけよう〜母子手帳による記録のすすめ〜

　記録の方法はたくさんあります。私は、子どもの成長を記録する方法として、母子手帳をおすすめしています。妊娠中に胎動を感じたときの感動、生まれてきた瞬間の喜び、初めて笑った日、初めて歩いた日——そんな愛情あふれる記録を手書きで残しておくことには特別な意味があります。それは単なる記録ではなく、親が子どもに注いできた愛情の軌跡でもあるからです。

　親として母子手帳を見返すとき、そこには「こんなに頑張ってきた」「確実に成長している」という事実が詰まっています。その記録を目にするたび、親としての自信と、子どもに対する愛情がさらに深まるでしょう。そして、それは何よりも子ども自身が愛されていることを感じるきっかけになります。

　子どもは親が想像する以上に、たくましく成長していく存在です。「うちの子、大丈夫？」と思うのは親として自然な感情ですが、焦らずその子なりのペースで成長していく姿を見守りましょう。そして、日々の成長の中に「大丈夫」を見つけていきましょう。

第3章

あそび編

生活面の心配ごと

なかなか寝ない・寝つきが悪い

関係する感覚　　触覚　　**生命感覚**　　運動感覚　　平衡感覚

✓ どんな行動？

- 夜寝かせる直前に泣き続ける
- ベッドに寝かせるとすぐに目を覚ます
- ベッドに横になっても寝入るまでに時間がかかる
- 夜中に何度も目を覚ます
- 早朝に目を覚まして、その後寝ない

解説　なぜ、寝ない？　なぜ、寝つきが悪い？

■ 生命感覚のアンバランスによる影響

　生命感覚とは、私たちのからだを日常生活のリズムによって調整する感覚のことです。この感覚は、「食べる」「寝る」「あそぶ」といった活動の繰り返しによって、私たちのからだを整え、自律神経を調節する働きを担っています。自律神経は、心臓や胃、呼吸器など、からだのさまざまな器官をバランスよく動かすために重要な役割を果たします。どれか一つの器官が過度に働いたり、逆に働きが鈍くなったりすると、からだ全体の調和が乱れてしまいます。この自律神経の調整は、私たちの意識とは関係なく自動的に働いています。

　自然な眠りに導くための調整も生命感覚によってもたらされます。しかし、たとえ「もう寝る時間だから」といって子どもを早く寝かせようとしても、眠るためのからだになっていないと、子どもはなかなか眠れません。これは、私たちが意識して心臓を速く動かしたり、胃の消化をコントロールしようとしてもできないことと同様です。子どもの寝つきが悪いときには、生命感覚のバランスが乱れている可能性があるため、日常生活のリズムを見直すことが大切です。

64

■ 体内時計の未発達

　私たちは通常、夜が暗くなると自然に眠くなり、朝になり太陽の光を浴びると目が覚めるというリズムで生活しています。これは「体内時計」と呼ばれる機能によるもので、体内時計は、目から入ってくる明るさや暗さの情報に基づいて調整されます。朝の強い光を浴びることで体内時計がリセットされ、夜暗くなると眠りに導かれるという仕組みです。しかし、乳幼児はまだこの体内時計が十分に発達していないため、規則正しい睡眠リズムをつくることが難しい場合があります。そのため、夜に眠りにくかったり、昼夜が逆転してしまうことがあります。

■ 刺激の多すぎる環境

　乳幼児の寝る環境は大切です。特に1歳未満の赤ちゃんは、お母さんのお腹の中にいたときの温かく静かで安心できる環境に慣れているので、外の世界の音や光、温度に敏感です。そのため、ちょっとした物音や光の加減で目を覚ましてしまうことがあります。

　スマートフォンやタブレットなどのインターネットメディアから流れる映像や音は、乳幼児にとっては強い刺激となります。明るい画面や速い動きが多い動画により交感神経が刺激され子どもの脳を活発にしてしまいます。寝る前は静かで落ち着いた環境が大切ですが、スマホやタブレットはその逆であるといえるでしょう。

■ 不安や寂しさ

　人はもともと、安心できる環境でしかしっかりと眠ることができません。これは、私たちがまだ自然の中で野生動物と一緒に暮らしていた時代から続いている本能と関係しています。危険が迫る状況で眠ってしまうと、命の危険があるため、安心できない環境ではからだが眠らないようにできているのです。乳幼児期の子どもは、お母さんやお父さんのそばにいることで安心感を得ているため、親から離れると不安になり、泣いてしまったり、なかなか眠れなくなったりすることがあります。

■ 世界一の睡眠不足

　OECD（経済協力開発機構）が行った調査によると、日本人は子どもも大人も「世界で最も睡眠不足」であるようです。子どもの睡眠リズムが乱れる原因の一つとして、私たち大人の「夜ふかし」や「夜型の生活習慣」が影響しているのかもしれません。

専門家の視点 **どうすればいい？**

■ 生命感覚を育てよう

　生命感覚を育てるには、「食べる」「寝る」「あそぶ」の生活リズムを整えることがなんといっても大切です。文部科学省は、2006年から「早寝早起き朝ごはん」を推進しています。早く寝て、早起きし、朝ごはんを食べることは生命感覚を育てます。厚生労働省による「健康づくりのための睡眠ガイド」（2023年）によると、1〜2歳児は11〜14時間、3〜5歳児は10〜13時間、小学生は9〜12時間、中学・高校生は8〜10時間の睡眠時間の確保を推奨しています。

■ スムーズな眠りに導くためのポイント

　スムーズな眠りに導くために、次の3つのポイントを意識してみましょう。

①生活リズム

・朝日を浴びよう。朝にできる限り日光を浴びることで、体内時計が整います。

・外あそびをたくさんしよう。日光を浴びながら、からだを動かすことが大切。

②室内環境

・寝室はできるだけ静かな環境で。

・寝室にはスマートフォンやタブレットを持ち込まない。

・寝室はできる限り暗くすることでよい睡眠につながります。

③心理的環境

・親子でお風呂に入って、リラックスしましょう。

・眠るときは、安心・リラックスできるように心がけましょう。

・「添い寝」が一番。

・「親子で寝落ち」が一番安心をもたらします。

なかなか寝ない・寝つきが悪い

あそびの処方箋
ふれあいあそび【夜Ver.】

POINT
- 眠りにつくにはリラックスすることが必要です。
- ふれあうことは、親子の間の安心と信頼を育み、リラックスした状態になります。
- あまり興奮しすぎないように、夜はくすぐりあそびは控えましょう。

どのこがよいこ

♪ どのこが　よいこ
　このこが　よいこ
　〇〇ちゃん！（こどもの名前）

- うたに合わせて子どものからだ（腕や肩、胸、腰、頭など）にそっとふれましょう。
- 最後の「〇〇ちゃん」で子どもの名前を呼びながら、やさしくお腹や背中をなでます。

おふねがぎっちらこ

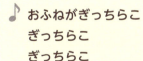

♪ おふねがぎっちらこ
　ぎっちらこ
　ぎっちらこ

ゆっくりゆれることは平衡感覚も育てます。

- 子どもをぎゅっと抱きしめるように膝の上にのせ、前後にゆっくりとゆらします。
- 親のからだがふれている気持ちよさと、ゆれの気持ちよさで、子どもはいつの間にか眠ってしまいます。

第3章 あそび編　生活面の心配ごと

あそびの処方箋

お風呂であそぼう

POINT
- お風呂は親子にとって大切なふれあいの場。
- おもちゃがなくても、むしろおもちゃがない方が親子でたくさんあそべます。
- お風呂で楽しくリラックスしてあそぶことで、スムーズな眠りに導きます。
- あまり興奮しすぎると、かえって眠れなくなるので、ほどほどに。

タオルでブクブク

- タオルを広げて、お風呂に浮かべます。
- 空気をタオルに入れながら、タオルの周りを絞ります。
- 膨らんだタオルをお湯の中に入れて、膨らんだ部分をギュッと押せばブクブクと泡が出てきます。

お風呂でうたおう

- お風呂でうたえば、エコーがかかり不思議な反響を楽しむことができます。
- 子どもが保育園や幼稚園で習ってきたうたを教えてもらっても、楽しく過ごせます。
- こころとからだが解放されて、安心して過ごすことが大切です。

お風呂はこころとからだのふれあいの場です。

なかなか寝ない・寝つきが悪い

68

お風呂で水鉄砲をしてみよう

- お風呂の中で、組んだ手の間から水を飛ばして、水鉄砲のようにしてあそんでみましょう。
- うまく飛ばせると、子どもから尊敬されるかも?

シャンプーで変な髪型

- シャンプーを濡らした髪につけて、あわあわにした状態で、いろいろな髪型にしてあそんでみましょう。
- 鬼のように髪で角を生やしてみたり、七三分けにしてみても。
- 親子で互いにやり合って、「せーの」で同時に鏡を見てみると楽しいですよ。

石鹸でシャボン玉

- 石鹸を手で泡立てて、そこに息を吹き込んでシャボン玉を作ってみましょう。

鏡にお絵かき

- 湯気で曇った鏡にお絵かきしてみましょう。
- お父さんの顔を書いたらすぐに水滴が垂れてきて、「泣きべそ父さん」になったり、「汗かき父さん」になったりして楽しい。

あそびの処方箋

絵本を一緒に読もう

なかなか寝ない・寝つきが悪い

POINT

- 絵本を親子で読んでから寝る、というリズムができるとよいでしょう。
- 一日の終わりに親子で過ごすことで、親子の絆が深まります。
- 添い寝をしながら、親子でからだにふれることで安心し、リラックスすることができます。

よみきかせの前に

寝る前に絵本を読むことで、ゆったりと安心した気持ちになり、スムーズな眠りへと導きます。次のことに気をつけてよみきかせをしてみましょう。

①早く寝てほしいと焦った気持ちで読むのはNG

忙しいお母さんやお父さんは、子どもを寝かしつけてからあれもやろうこれもやろうと思いがちですね。「早く寝てほしい」と思っているときこそ子どもは寝ないもの。「子どもと一緒に寝落ちしてもいいか」というくらいの気持ちでいる方が、子どもは安心して早く寝つきます。

②ドキドキワクワクするような刺激の強い絵本は避ける

幼児期の子どもは、ストーリー性のあるドキドキワクワクするような絵本を好みますが、寝る前は避けましょう。興奮して眠れなくなることも。できれば、静かでゆったりとした絵本を選びましょう。

③大げさに感情をこめて読まなくても大丈夫

あまり感情をこめて読む必要はありません。子どもは自分なりに情景や感情を想像しながら絵本を見ていますから、その想像力を壊さないように比較的淡々と読んでも大丈夫です。

④子どもが望むままに、何冊でも読むことはスムーズな眠りには逆効果

子どもによっては、絵本を何冊も読んでほしいとせがむ場合も。ただし、子どものこころとからだは一致しないことが多いもの。本当は眠いのに、お母さんやお父さんと一緒の時間を楽しみたくて「これも読んで」と言っていることがあります。夜の絵本は3冊も読めば十分です。できれば、特別な1冊をていねいにゆっくりと読むことで眠りにつきたいものです。

⑤絵本を読む前にゆったりとお話ししましょう

親は忙しいので絵本を機械的に読んで終了、ということにしたいかもしれませんが、絵本は読むことが目的ではなく、子どもとふれあい、絆を深めることが目的です。ですから、絵本を読む前に、今日一日を子どもと振り返ってみるなど、ゆったりとお話しするとよいでしょう。その際、気をつけなければいけないのは、大人はついお説教モードで子どもと話してしまうことです。楽しく共感的に子どもの話を聞き、その流れで絵本を読むとよいでしょう。

寝る前に読むとよい絵本
①繰り返しの多い絵本
②「おやすみなさい」の絵本
③静かでのんびりした絵本

第3章 あそび編　生活面の心配ごと

素話をしてみよう

なかなか寝ない・寝つきが悪い

> **POINT**
> - 素話は部屋を暗くしてからしてみましょう。大げさに抑揚をつけなくても OK。子どもは自分の想像力を働かせてお話を聞きます。
> - 添い寝をしながらお話しすることで、安心して子どもは眠れます。

素話ってなんだろう？

　素話とは、絵本や紙芝居などの道具を使わないでお話をすることです。絵本などの道具を使わないでお話などできるのだろうか、と心配する必要はありません。日本では昔から、いろりを囲んでさまざまなことが昔話として語られてきました。当時はテレビもラジオもスマートフォンもありませんから、家族のみんながその昔語りをするおじいさんやおばあさんのお話を集中して聞いていました。いろりを囲んでというのは、今でいうリビングです。食後の団らんの時間に家族で語らっていたお話、ストーリー性のあるものもないものもすべて含めて素話と呼んだのでしょう。

子どもは素話が大好き

　素話は決して特別なものではありません。「むかしむかし、あるところに……」と、日本の昔話を覚えてお話をしてあげてもいいですし、グリムの昔話など海外の昔話をお話ししてもいいと思います。
　長いお話を覚えるのが苦手でしたら、「お母さんが小さいときはね……」などと子どものころのお話をしたり、「今日○○ちゃんがね、朝起きるとびっくりしました。それは……」というように、今日のお子さんの一日を語ってもいいと思います。

素話による話し方

　素話では大げさに抑揚をつけて話す必要はありません。子どもたちは自身の想像力によって登場人物の声を作り出し、こころの中で自由に動かしていきます。
　素話で淡々と語られているような言葉には、大きな力があります。お父さんやお母さんなどの語り手のこころに生じた言葉を、こころをこめて語り伝えることによって、聞き手である子どものこころにもしっかりと響きます。

あそびの処方箋

日本の昔話を覚えて語ろう

POINT

- 昔話には、人間の叡智や子育ての知恵が詰まっています。
- 昔話から子どもは「なぜ人は生きるのか」「どのようにして人は生きていくのか」といった「生きること」をイメージとして理解します。

昔話の覚え方とお話のしかた

　昔話の本を読んで覚え、一字一句間違えないようにお話をしようとすると大変です。次の3つのポイントを押さえるだけで思いのほか簡単にできますので、ぜひ挑戦してみてください。

①昔話の選び方はなじみのあるものでOK

　昔話はみなさんにとってなじみのあるものでOKです。「ももたろう」や「花さかじい」など子どものころに聞いて知っているものから始めてみましょう。次のページでは、おすすめの日本の昔話を紹介します。話しやすいようにアレンジをしてもOK。

②ストーリーの流れを押さえる

　ストーリーは、おおよその流れを覚えておくだけで十分です。昔話の中には残酷な結末になっているものもありますが、なるべく元の結末通りに語ることをおすすめします。昔話の「残酷性」は、素話で語られる際には子どもの想像力のベールに覆われて理解されます。こうしたシーンを映像によって直接的に見せることは乳幼児には避けるべきですが、語って聞かせることに問題はありません。人間が生来もつ「善」と「悪」を、イメージとして子どもは胸にとどめます。

③うたなどで繰り返し表現されるテンポのよい「かけ言葉」を覚える

　昔話の中には、うたやテンポの良い「かけ言葉」が入っているものが多く、それによって聞き手である子どもは物語の中に入りこんで聞くことができます。「ももたろう」であれば、ももが川上から流れてくる様子を「どんぶり　かっしり　すっこんごう　どんぶり　かっしり　すっこんごう」などと表現されています。

　かけ言葉やうたを覚えておくだけで、とても楽しいお話になるでしょう。

第3章 あそび編 生活面の心配ごと

「ももたろう」

　物語は、「むかしむかしおじいさんとおばあさんが……」というところから始まります。

　おばあさんが川で洗濯をしていると、川の上から「どんぶり　かっしり　すっこんごう。どんぶり　かっしり　すっこんごう」と大きな桃が流れてきました。おばあさんは桃を拾って家に持ち帰り、おじいさんと二人で桃を切ろうとすると、桃の中から元気な男の子が飛び出してきました。この子は「ももたろう」と名付けられ、おじいさんとおばあさんに大切に育てられました。

　ももたろうは、やがて大きく成長し、宝物をぬすんで村を困らせている悪い鬼たちがいると知ります。そして、「鬼を退治して村を守る！」と決心し、鬼退治の旅に出かけることになりました。おじいさんとおばあさんは、ももたろうの旅の無事を願い、きびだんごを作って持たせました。

　旅の途中で、ももたろうは犬、サル、キジと出会います。

（犬）「ももたろうさん、どこへ行くのですか？」
（ももたろう）「鬼ヶ島へ鬼退治に行く」
（犬）「そのお腰についているものはなんですか？」
（ももたろう）「これか、これは日本一のきびだんご。一つ食えばうまいもの、二つ食えば苦
　　　　　　　いもの、三つ食えば頭のはちがざるになる」
（犬）「それじゃあ、一つください。お供しましょう」

　犬に続いて、サルやキジもきびだんごをもらい、ももたろうと一緒に鬼ヶ島を目指しました。
　ついに鬼ヶ島に到着すると、ももたろうと仲間たちは力を合わせて鬼たちと戦い、見事に悪い鬼たちを倒して宝物を取り戻すことに成功しました。

　そして、ももたろうたちは村に戻り、取り戻した宝物をみんなに分け与えて、村の人々と幸せにくらしました。

おしまい

「花さかじい」

　むかしむかし、あるところに心の優しいおじいさんとおばあさんが白い犬を大切に育て、「シロ」と名付けてかわいがっていました。

　ある日、シロが庭を一生懸命に掘り始め「ココホレ　ワンワン。ココホレ　ワンワンワン」というので、おじいさんが掘ってみると、そこからたくさんの小判がザクザクと出てきました。おじいさんとおばあさんは驚きながらも大喜びし、シロに感謝しました。

　その様子を見ていた隣の欲張りじいさんが、シロを無理やり連れだして、シロにどこを掘ればいいのかと聞きました。シロは疲れてしゃがんでしまったのですが、欲張りじいさんは「ははあ、ここだな」と思って掘ってみました。しかし出てきたのは小判ではなくガラクタばかりでした。それに怒った隣の欲張りじいさんは「この憎い犬め」と言って、いきなり鍬（くわ）でシロの頭を殴りつけて殺してしまいました。

　優しいおじいさんはシロが殺されてしまったことを悲しみました。死んでしまったシロを抱えて家に戻った優しいおじいさんは、家のそばに穴を掘ってシロを埋め、その上に木を一本植えました。その木を育てていると、みるみる木は大きくなり、その木を切って餅をつく臼を作りました。その臼で餅をついていると、つくほどになにやら「チリン　チリン」と音がしたそうな。のぞいてみると、臼の中は金銀、小判やら宝物でいっぱいになっています。

　「これもシロのおかげだ」と思っていると、隣の欲張りじいさんがやってきてその臼を奪い、自分の家で餅をついてみました。しかし、なぜか臼からは、牛のくそや馬のくそが出てくる出てくる。その臭いのなんのといったら、どうにもできないほどでした。怒った隣の欲張りじいさんは臼を燃やしてしまいました。

　心優しいおじいさんは、悲しみながら臼が焼かれた灰を持ち帰り、シロのことを思いながら庭にまくと、不思議なことに枯れた桜の木が一気に花を咲かせ、美しい桜が満開となりました。通りかかった殿様に「日本一のはなさかじいでございます。枯れ木に花を咲かせましょう」と言いながら、灰をまき、桜を満開に咲かせると、殿様はそれをたいそう喜びました。そして、優しいおじいさんは殿様からたくさんの褒美をもらいました。

　それを見ていた欲張りじいさんは、家に残った灰をもって殿様の前に行き灰をまいてみましたが、桜の花が咲くどころかその灰が殿様や家来の目やら鼻やら口やらに入ってしまい、殿様はえらく怒ってしまいました。とうといじわるで欲張りなじいさんは、家来たちに刀で斬りつけられて血だるまになり、縛り上げられて、牢屋に入れられてしまったそうな。

おしまい

「ねずみのすもう」

　あるところに、とても貧しいけれども心の優しいおじいさんとおばあさんが住んでいました。ある日、おじいさんが山へ芝刈りに行くと、遠くの方から、
「えんや　こらさ　どっこいさ　はっきた　ほっきた」
「えんや　こらさ　どっこいさ　はっきた　ほっきた」
という声が聞こえてきました。おじいさんが、声のする方へ行ってみると、2匹のねずみが相撲をとっていました。よく見るとやせっぽちのねずみがおじいさんの家のねずみで、ころころに太ったねずみが長者どんの家のねずみでした。何度すもうをとっても、やせねずみの方が弱くて、太った長者どんの家のねずみにはかないません。
　それを見ておじいさんはかわいそうになって、家に帰り餅をついて家のねずみに食わせてやろうと思いました。おばあさんに頼んで、餅をついて戸棚の中に入れておきました。

　あくる日、おじいさんが山へ芝刈りに行くと、昨日と同じ場所から、
「えんや　こらさ　どっこいさ　はっきた　ほっきた」
「えんや　こらさ　どっこいさ　はっきた　ほっきた」
と声が聞こえてきます。おじいさんは木の陰からそっと覗いてみると、今日はおじいさんの家のねずみが強く、長者どんの家のねずみを投げ飛ばしてしまいました。それで、長者どんの家のねずみが、「これはたまげた、なんで今日はそんなに力が出るんだ」と聞くと、「家のじいさんとばあさんが、力を合わせておらのために餅をついてくれたんだ。おらそれを食べたからこんなに力がついたんだ」と、おじいさんの家のねずみが言いました。
「それじゃあ、今晩おれも行くからごちそうしてくれ」と長者どんの家のねずみが言いました。「でも、家のじいさんとばあさんは貧乏だから、めったに餅などつけないさ。おまえ、長者どんの家からお金をたくさん持ってきてくれたならごちそうしてやろう」とおじいさんの家のねずみが言うと、「それじゃあ、そうする」と長者どんの家のねずみが言いました。
　それを聞いたおじいさんは、またその晩も餅をついて、今度は2匹分、戸棚に入れておきました。おばあさんは、そのそばに赤いふんどしを2つ、そえておきました。

　あくる朝、戸棚をのぞいてみると、餅とふんどしはなくなっており、その代わりにたくさんの大判小判がおいてありました。
　いつものようにおじいさんが山へ芝刈りにいくと、
「えんや　こらさ　どっこいさ　はっきた　ほっきた」
「えんや　こらさ　どっこいさ　はっきた　ほっきた」
この前よりも大きな声がしました。2匹のねずみはおばあさんが作った赤いふんどしをしめて相撲をとっていました。そして、今日はおじいさんの家のねずみも、長者どんの家のねずみもどっちも引くことなく、勝負がつきません。おじいさんは、明日も相撲を見せてもらおうと思って帰りました。長者どんの家のねずみが毎日持ってくる大判小判でたいそうお金持ちになった、というお話です。

　　　　　　　　　　　　　　　　　　　　　　　　　　　　　おしまい

「おむすびころりん」

　むかしむかし、あるところにおじいさんとおばあさんが住んでいました。ある日、おじいさんが「山へ薪を取りに行ってくる」というと、おばあさんはお昼のお弁当におむすびをいくつか作って持たせました。

　山へ着くと、おじいさんはガッキリガッキリと木を伐りました。そのうちおなかが空いてきたので薪の上に腰をおろし、おむすびを一つ手に取ると、つるりと手がすべっておむすびはころころと転がっていきました。「おーい、待て待て」と追いかけましたが、おむすびは穴の中に「すとーん」と落ちてしまいました。穴の中は真っ暗。でも、よく耳をすますと、何やら楽しげなうたごえが聞こえてきました。

　　ぺったらぺったん　ぺったらぺったん
　　百になっても　二百になっても　にゃあごという声　ききたくねえなぁ
　　ぺったらぺったん　ぺったらぺったん

　不思議に思ったおじいさんは、もう一つおむすびを入れてみました。するとまたうたが聞こえてきたので、楽しくなったおじいさんは、持ってきたおむすびを全部入れました。

　さらにおじいさんは、穴をのぞきこんだら「すとーん」と自分も穴に落ちてしまいました。「あいたたた……」と腰をさすりながら目を開けると、目の前にはねずみたちがいて、うたいながら餅をついていました。

　すると長老ねずみがやってきて「おむすびをたくさんありがとう」。そういうと、おじいさんにお餅と大判小判を渡し、家まで送り届けてくれました。
　家に帰ったおじいさんは、おばあさんと一緒に大喜び。

　その話を聞いた欲張りじいさんは、自分も同じことをしようとおむすびを持って山へ向かいました。そして穴に飛び込むと、やっぱりねずみたちがうたいながら餅をついていました。

　　ぺったらぺったん　ぺったらぺったん
　　孫の代でもひ孫の代でも　にゃあごという声　ききたくねえなぁ
　　ぺったらぺったん　ぺったらぺったん

　欲張りじいさんは、「このねずみたちは猫が怖いんだな」と思い、大きな声で「にゃあご！」と叫びました。すると、ねずみたちは驚いて逃げ出し、あたりは真っ暗になりました。欲張りじいさんは、お餅も小判も手に入れられず、真っ暗な穴の中をさまよい続け、最後にはモグラになってしまいました。

　　　　　　　　　　　　　　　　　　　　　　　　　　おしまい

第3章　あそび編　生活面の心配ごと

あそびの処方箋

楽しい、うれしい創作のおはなし

POINT

・創作のおはなしも子どもにとってはうれしいおはなしです。
・寝る前の子どもに、ゆっくりと落ち着いた声で、そして生き生きと話してあげましょう。
・お父さんやお母さんの心に浮かんだことばを話すことが大切です。そのように話すことで、子どもは、おはなしをワクワクしながら聞くことができ、また安心して聞くことができます。

創作のおはなし、どんなことを話せばいい?

　寝る前にする素話で、創作のおはなしは、どんな内容でもよいと思います。お子さんが生まれたときのおはなしや、お母さんとお父さんが子どものころのおはなしでもよいでしょう。例えば、次のようなおはなしはいかがでしょうか。

お子さんと過ごした今日一日のおはなし
　お子さんと過ごした今日一日を、お子さんを主人公にしてお話ししてみましょう。

> 　今日○○ちゃんは、朝7時に起きました。少し眠かったけれど、「よいしょ」って起きました。朝ごはんは、お母さんが作ってくれた、あったかいパンケーキと、あったかいミルクでした。
>
> 　それから、お母さんと公園に遊びに行きました。公園では、お母さんと手をつないでお散歩して、それからブランコであそびました。
>
> （中略）
>
> 　○○ちゃんは、お風呂に入って、パジャマに着替え、そしてお布団に入って横になりました。「あ〜今日も一日楽しかったな〜」と思いながら○○ちゃんは、静かに眠りました。
>
> 　おしまい。おやすみなさい。

なかなか寝ない・寝つきが悪い

[あそびの処方箋]
おやすみのうたをうたおう

POINT
- 日本の子守うたや、外国の子守うたをうたってみましょう。
- 子守うたは、子どもを心地よく眠りにつかせる昔からの子育ての知恵。
- 抱っこをしたり、おんぶしたり、または添い寝をしながら穏やかな気持ちでうたいましょう。

眠りを誘う「わらべうた」

わらべうたのよいところはリズムや歌詞、音程はうたいやすいように自由にアレンジしてもOKなところ。大切なのは、子どもとゆったりとふれあいながらうたうことです。親子で密着してうたうと、うたうときの振動が心地よく伝わって、子どもは気持ちよく眠りに導かれます。

ねんねんねやま

ねんねんねやまの
ねんねどり
ひとさえみれば
なきまする

- 大人は子どもと添い寝をしながら、子どもにそっとふれながらうたいましょう。
- 子どもは、ふれられることで安心します。
- 親が先に眠ってしまっても大丈夫。安心できる空間であることが、子どもにも伝わります。

第3章 あそび編 生活面の心配ごと

こぞうねろ

> ♪ こぞうねろ
> 　おいしゃ　ねろ
> 　せいたか　ねろ
> 　おれもねるから
> 　われも　ねろ

- 子どもを後ろから抱っこして座り、子どもの片手を両手で包みます。
- ことばに合わせて小指から寝かせていき、親指まで寝かせたら、最後にぎゅっと手のひらを優しく包みます。

なかなか寝ない・寝つきが悪い

① 「♪こぞう」
小指の指先をつまむ

② 「♪ねろ」
つまんだ小指を寝かせる。

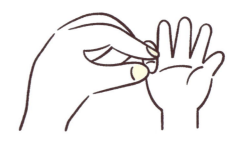

③
①〜②と同じように、指を寝かせていく。
「おいしゃ　ねろ」で薬指、
「せいたか　ねろ」で中指、
「おれもねるから」で人さし指、
「われも　ねろ」で親指を寝かせる。

④
すべての指を寝かせたら、両手で子どもの手を包みこむ。

80

おやゆびねむれ

> ♪ おやゆびねむれ
> さしゆびも
> なかゆび
> べにゆび
> こゆびみな
> ねんね　しいな
> ねんね　しいな
> ねんね　しな

- 同じようなあそびでも、うたが変わると子どもにとってはまったく違うあそびになります。
- 指を一本ずつやさしく触り、「ねんねしな」で手のひら全体をやさしく包みこみます。

① 「♪おやゆびねむれ」
子どもを後ろから抱っこして座り、子どもの親指を軽く折る。

② 「♪さしゆびも　なかゆび　べにゆび　こゆびみな」
人さし指、中指、薬指、小指の順に折っていく。

③ 「♪ねんね　しいな
　　ねんね　しいな」
小指、中指、人さし指の順に、手のひらを開いていく。

④ 「♪ねんね　しな」
「ねんね」で親指を開き、「しな」で5本の指を一緒に折って手のひら全体をやさしく包みこむ。

寝起きが悪い・なかなか起きない

関係する感覚　　触覚　**生命感覚**　運動感覚　平衡感覚

 どんな行動？

- 起こしてもなかなか起きない
- 目覚めたときに機嫌が悪く、泣き続ける
- 朝起こしても、ぼーっとしている

解説 なぜ、寝起きが悪い？

　乳幼児期の子どもが寝起きに際して機嫌が悪いのは、睡眠のために必要な脳の発達が未成熟であることや、生活のリズムが整っていないことが理由として考えられます。乳幼児期の子どもは成長にともなって睡眠リズムが変化する時期でもありますので、それぞれの発達段階に応じた睡眠の特徴をふまえながら、ここで考えてみましょう。

■ 0〜2歳の子どもの睡眠の特徴と寝起きの関係

　0〜2歳児の乳児期は、睡眠リズムが整っておらず、睡眠の質や深さも大人とは異なっています。生まれてすぐの赤ちゃんは、眠ったり起きたりを繰り返す「多相性睡眠」で、一日の睡眠時間を合わせると16時間程度になるといわれています。おおよそ一日の3分の2程度の時間眠っていることになります。生後3か月ごろから、昼はより長く起き、夜は眠るという昼夜の区別が少しずつ現れはじめ、徐々に睡眠時間が短くなってきます。1歳ごろになると、次第に夜にまとまって眠る「単相性睡眠」に近づくといわれています。夜中の授乳や夜泣きがなくなってくるこの時期が、睡眠のリズムを整える時期であるといえそうです。ちなみに1〜2歳ごろに必要な睡眠時間は、お昼寝も合わせて11〜14時間が理想とされています。

　0〜2歳の子どもはまだレム睡眠とノンレム睡眠の切り替えが不安定です。レム

睡眠は浅い眠りであり、夢を見たりからだが動いたりしやすく、覚醒の準備をする段階といえます。一方、ノンレム睡眠は、脳を休めたり成長ホルモンを分泌する睡眠の段階です。ノンレム睡眠の状態で目覚めると機嫌が悪くなることがあります。さらに、睡眠から覚醒への調整がうまくできず、目覚めの際、機嫌が悪くなる場合もあります。この時期の寝起きが悪いのは、睡眠のリズムが発達の途中であるためで、子ども自身も睡眠と目覚めに慣れていないことが原因と考えられます。

■ 3〜5歳の子どもの睡眠の特徴と寝起きの関係

3〜5歳になると、日中は活発に活動し、夜に長時間の睡眠を取れるようになります。また、昼寝の時間が短くなり、5歳ごろには昼寝をしなくなる子も増えます。この時期の子どもは、1日におよそ10〜13時間の睡眠が理想とされています。レム睡眠とノンレム睡眠の切り替えも安定してきますが、覚醒がスムーズにいかないことがよくあります。

また、3〜5歳の子どもは、日中の活動が増え、保育園や幼稚園で刺激をたくさん受けるようになります。新しい経験や人との関わりが増えることで、寝る前まで興奮状態が続き、深い眠りに入りにくくなることも機嫌の悪い朝の原因となります。特に気をつける必要があるのは、テレビやスマートフォンなどからの強い光です。これらは入眠を妨げるだけではなく、心地よい目覚めにも影響を与えます。

専門家の視点 ▶ **どうすればいい？**

■ スムーズな目覚めをうながすためのあそび

「眠り」と「目覚め」は連動しているので、寝つきをよくするための対応と寝起きをよくするための対応は、基本的には同様です。つまり、前節（p.66）で述べたように、「生活リズム」「室内環境」「心理的環境」がポイントとなります。ここでは、「スムーズな目覚めを促すためにはどのようなあそびが考えられるか」という視点で、生命感覚を育てるあそびを考えてみましょう。

あそびの処方箋

目覚めのうたをうたおう

寝起きが悪い・なかなか起きない

POINT
- 目覚めはゆるやかに心地よく。
- 朝の目覚めがスムーズで心地よいだけで、一日穏やかに送れます。
- 目覚めのうたは、朝のうた、季節のうた、元気が出るうたなどを選びましょう。

目覚めを促す「わらべうた」

「眠りを誘う『わらべうた』」（p.79）のときと同様、わらべうたのリズムや歌詞、音程はうたいやすいように自由にアレンジしてもOKです。大切なことは、親が気持ちに余裕をもって子どもを目覚めに導いていくことです。

ととけっこう

♪ ととけっこう
よがあけた
まめでっぽう
おきてきな

● あそびかた❶
うたいながら、子どもの肩などに
そっとふれながら起こします。

● あそびかた❷
① 「♪ととけっこう よがあけた」
大人は両手で自分の顔をおおう。

② 「♪まめでっぽう おきてきな」
両手をひらいて顔を見せる。

ととけっこう よがあけた

まめでっぽう おきてきな

ふくすけさん

> ♪ ふくすけさん
> 　えんどうまめが　こげるよ
> 　はやくいって　かんましな

- 子どもが寝ているときに、子どもの手の指や足の指をぎゅっと少し強めにつまんであげましょう。
- からだの先端部分にふれられることで、目覚めにつながります。

「♪かんましな（かき混ぜな）」で親指を強めにつまみます。

夜が明けた

> ♪ コッコケコッコ　夜が明けた
> 　お空は真っ赤な　朝焼けだ
> 　元気よく　さあ　とびおきて
> 　朝のあいさついたしましょう
> 　みなさん　おはよう　ございます

- 朝をイメージさせるうた。子どもにやさしくふれ、うたいながら起こします。
- 輪唱になっているので、夫婦やきょうだいと一緒にうたうと楽しく、また響きが美しい。

あそびの処方箋

ふれあいあそび【朝Ver.】

寝起きが悪い・なかなか起きない

POINT
- 目覚めを促すには、くすぐりあそびが楽しくて効果的です。
- からだに触れることで、少しずつ目覚めを促します。

いっぽんばしこちょこちょ

♪ いっぽんばし
　こちょこちょ
　たたいて　つねって
　かいだんのぼって
　こちょこちょこちょ

● 歌をうたいながら、こちょこちょとからだにふれられると、それだけで楽しくなって目覚めることでしょう。

① 「♪いっぽんばし」
子どもの手のひらに人さし指でふれる。

② 「♪こちょこちょ」
手のひらをくすぐる。

③ 「♪たたいて」
手のひらを軽くたたく。

④ 「♪つねって」
手のひらを軽くつねる。

⑤ 「♪かいだんのぼって」
子どもの手のひらから腕まで、人さし指と中指でつたっていく。

⑥ 「♪こちょこちょこちょ！」
子どものからだをくすぐる。

86

東京都日本橋

東京都　日本橋
ガリガリ山の
パン屋さんと　つねこさんが
階段のぼって
こちょこちょこちょ

● 同じようなくすぐりあそびでも、うたが違うだけで子どもにとってはまったく違ったあそびになります。

① 「♪とうきょうと」
子どもの手のひらに指1本で触れる。

② 「♪にほんばし」
子どもの手のひらに指2本で触れる。

③ 「♪ガリガリ山の」
手のひらをくすぐる。

④ 「♪パンやさんと」
手のひらを軽くたたく。

⑤ 「♪つねこさんが」
手のひらを軽くつねる。

⑥ 「♪階段のぼって」
子どもの手のひらから腕まで、人さし指と中指でつたっていく。

⑦ 「♪こちょこちょこちょ！」
子どものからだをくすぐる。

ぼうずぼうず

> ♪ぼうず ぼうず
> 　かわいいときゃ　かわいいけど
> 　にくいときゃ　ペション！

- 子どもの頭をなでながらうたい「ペション！」では、おしりを軽くたたきます。

① 「♪ぼうず　ぼうず
　　かわいいときゃ
　　かわいいけど
　　にくいときゃ」

リズムに合わせて子どもの頭やからだをさする。

② 「♪ペション！」

子どものおしりを軽くたたく。

寝起きが悪い・なかなか起きない

コラム

わらべうた「ぼうずぼうず」に見る子育ての知恵

あるわらべうた講座で、保護者の方から「子どもの頭やおしりを叩いてもいいのでしょうか？」という質問を受けました。たしかに「ぼうずぼうず」では、子どものおしりを軽く叩く動作があります。私は、これこそがわらべうたに込められた子育ての知恵だと思うのです。

作家の遠藤周作は、「子育ては苦（くる）楽しい」と言いましたが、その通りだと思います。子育てには楽しい面もあれば、苦しい面もあります。SNSでは子育てが輝いて映ることもありますが、実際は地味で平凡な日々の繰り返しです。子育てには光のような輝かしい瞬間もあれば、イライラや苦しみ、怒りといった影の部分も当然あります。

わらべうたは、その影の部分を「にくいときゃ　ペション！」とうたい飛ばしています。子育て中のイライラや怒りを、わらべうたで「ペション！」と表現し、あそびに変えているのです。私はこれこそが、わらべうたによる子育ての知恵であり、子育てで生じる感情をうまく調整する役割を担っていると考えています。

いちばちとまった

> ♪ いちばちとまった
> にばちとまった
> さんばちとまった
> しばちとまった
> ごばちとまった
> ろくばちとまった
> しちばちとまった
> はちばちとまった
> ぶーん！

- ハチが刺すイメージで、子どもの手の甲から腕を軽くつねっていきます。
- 最後の「ぶーん！」では、たくさんのハチが子どもを刺すイメージで、全身を指でつつきます。

① 「♪いちばちとまった
　にばちとまった
　さんばちとまった
　しばちとまった
　ごばちとまった
　ろくばちとまった
　しちばちとまった
　はちばちとまった」
子どもの手の甲から腕まで、歌に合わせて軽くつねる。

② 「♪ぶーん！」
最後に、ハチが刺すように、子どもの全身を指でつつく。

第3章 あそび編 生活面の心配ごと

あそびの処方箋

朝を感じよう！

寝起きが悪い・なかなか起きない

POINT
- 朝を五感で感じてみましょう！
- まずはカーテンを開けて、朝日を浴びてみよう。体内時計がリセットされ、目覚めがうながされます。

朝の風を感じよう

- ベランダや庭、玄関先に少し出てみるだけで、朝の風を感じることができます。
- 肌にふれる風は、どんな感じかな？
- つめたい？ あったかい？ やわらかい？

少し意識するだけで、目覚めがうながされます。

自分の影を見てみよう

- 朝日によってできる自分の影を見てみよう。
- 自分ってこんなかたち？
- 自分が動くと影も動くよ。
- 親子で影であそんでみよう。

「影おくり」であそぼう

- あそびかた
①自分の影がよく見えて安全な場所で、自分の影を10秒間じっと見つめよう（まばたきはしないで）。
②10秒見つめたら、空を見上げてみよう。
③自分の影が空にうつるか見てみよう。

空や雲をながめよう

- 空は自然のアーティストが描く大きなキャンバス。子どもと想像力を膨らませて、親子でながめながらゆったりとお話ししましょう。
- 幼児期までの子どもには、知識ではなくイメージを伝えるようにしましょう。
- 例えば、「ひつじさんのような雲だね。ひつじさん、みんなでどこへ行くのかな？」とイメージを膨らませるようなお話をしてみましょう。

「朝の美術館」を体験しよう

- 菓子箱や厚手の画用紙をフレームのように切って、色を塗ればオリジナルのフレームが完成。
- 庭に咲く雑草も、フレームに入れてみれば、立派な芸術作品に変身します。
- フレームを空にかざせば、「空の美術館」になります。子どもと一緒に「朝の美術館」を体験してみましょう。

朝のにおいを感じてみよう

- 子どもと一緒に窓を開けて、朝のにおいを感じてみましょう。
- 朝は、どんなにおいがするのかな？
- 朝ごはんのにおいは、どんなにおい？
- 風のにおいは？
- 土のにおいは？
- お母さんのにおいは？

あそびの処方箋

朝の音を聞いてみよう

寝起きが悪い・なかなか起きない

POINT

- 朝はいろんな音がたくさん。
- 朝起きて、布団からなかなか出られないときもやってみよう。
- 窓を開けて、どんな音が聞こえてくるか耳をすましてみよう。

耳をすます

　耳は、外界をとらえるために常に働いている器官です。目のように閉じることができないので、人は必要なものしか聞こえない耳になっています。これを「選択的注意」とか「セレクティブアテンション」といいます。

　意識して耳をすましてみると、普段は聞こえてこないさまざまな音が聞こえてきます。不思議というか当然というか、話していては聞こえませんから聴覚に集中するとき人は静かになります。したがって耳をすましているとき、子どもは心穏やかに、そして楽しい気持ちになります。

音いくつ？

- 耳をすまして聞いてみましょう。
- 「どんな音が聞こえるかな？」と声をかけます。
- 何が聞こえたか、親子で伝えあってみましょう。
- 鳥や虫の鳴き声は？
- 大きな風の音、小さな風の音。
- 遠くで吹く風の音、近くで吹く風の音
- 車やバイクが通る音
- 人の話し声や犬の鳴き声

何が聞こえたか、親子で伝え合ってみましょう。

92

あそびの処方箋

朝の色を探してみよう

> **POINT**
> ・朝は、刻々と変化するいろいろな色があります。
> ・目に入った色を探してみましょう。

色を楽しむ

　夜明け前の暗闇から、夜明け間近の青色、日が昇りかけた赤色やオレンジ色、そして日が昇ったときの明るさの中でのキラキラした色の世界。朝はさまざまに外の色が変化する時間帯です。子どもと一緒に、その色の変化を楽しみましょう。

色いくつ？

- 窓を開けて、窓から見える外の色を探してみましょう。
- 庭木の葉っぱの色は、同じ木でも部分によって色が違います。1枚の葉っぱでも先端と根元では色が違うことも。
- 隣の家の屋根の色は何色かな？
- あっちの空の雲の色、こっちの空の雲の色。
- 道路を走る車は何色かな？

> どんな色が見えたか、親子で伝え合ってみましょう。

第3章 あそび編 生活面の心配ごと

食べ物の好き嫌いがある・あそび食べをする

関係する感覚　　触覚　　生命感覚　　運動感覚　　平衡感覚

✓ どんな行動？

- 食べ物の好き嫌いが多い、食わず嫌い
- 小食、偏食
- あそび食べをする
- 食事中に立ち歩く

解説　なぜ、好き嫌いが生じる？　なぜ食べない？

■ 子どもの味覚の発達と好き嫌いの関係

　子どもの味覚の発達は、生まれつき持つ味覚への感受性と、成長過程における食体験が大きく影響します。生まれつき持つ味覚への感受性は、「からだにとって必要なもの」は好きであると感じ、「からだにとって危険なもの」は嫌いであると感じるようにできているといわれています。

　生まれたばかりの赤ちゃんは甘味に対して強い好意を示し、母乳の甘さから安心感を得ることが多く、成長とともに徐々にほかの味覚も体験します。甘味は、エネルギー源としての糖を教えてくれる役割を果たします。うま味はからだを形成するために不可欠なたんぱく質を感知し、これを取り入れるように働きかけます。うま味は母乳にも含まれており、幼いころから肉や魚をおいしいと感じる基盤となります。塩味については、ミネラルの存在を感知します。

　苦いものやすっぱいものが嫌いな子どもが多いのは、これは自然界において苦いものは毒であり、すっぱいものは腐敗したものを含む場合が多いため、生物的な防衛反応であると考えられています。人間は太古の昔、自然界にあるものを見た目で「これは食べられるものか、毒なのか」を見分けることができませんでした。食べてみて苦いものは「毒」、すっぱいものは「腐敗したもの」であるとして食べない

ことで、自分の身を守ったのです。その仕組みが子どもには色濃く残っているというわけです。

■「学習」による好き嫌い

　子どものころは苦くて飲めなかったコーヒーや、すっぱくておいしくなかったところてんを大人になっておいしいと感じるようになるなど、「好き嫌い」の変化には学習が関連しているといわれています。コーヒーをおいしく感じて飲めるようになるのは、大人になるにつれて「楽しい体験」「うれしい体験」とともに苦味を経験するためです。つまり子どもの好き嫌いの形成には、もともと持つ味覚の感受性に加えて、家庭環境や食習慣も大きく影響しているのです。幼いころからの食体験が多様であるほど、幅広い味を受け入れる力が育ちやすい傾向があり、親が楽しそうに食事をする様子を見たり、食べ物に関する肯定的な経験を積むことが、好き嫌いの改善にもつながります。子どもの味覚の発達には個人差があるものの、家庭での食体験やポジティブな食習慣を通じて、多様な味覚を受け入れやすくすることができるでしょう。

■ 感覚の過敏による好き嫌い

　そのほかには、触覚や嗅覚などの過敏により好き嫌いが生じている可能性があります。口元は触覚を感じる器官の中でも敏感な部位なので、舌触りや噛んだときの触感によって「防衛反応」が生じ、食べたくないと感じることがあります。

　嗅覚についても同様です。嗅覚は離れたところから、そのものが自分に「危害」を加えるものかそうでないものであるかを感知するセンサーの役割を果たします。嗅覚が過敏に反応してしまい、本来はなんら危害を加えないものであっても「防衛反応」によって食べられないということが生じることがあります。

専門家の視点　どうすればいい？

■ 生活のリズムを整える「おやつの工夫」

　食欲は人間が生きるために最も必要な欲求の一つですから、健康であれば「お腹が空けば食べる」「お腹が空いていなければ食べない」という基本的な原則があります。したがって食事の前に子どもが好きなスナック菓子やチョコレートなどのおやつをたくさん食べてしまっては、おなかが空きません。まずは、規則正しい食事のリズムと睡眠、日中の活動という「食べる」「寝る」「あそぶ」のリズムを整えましょう。

　三食の食事を規則正しい時間に食べることは大切ですが、どうしても子どもが欲

しがるときには、おやつを工夫するとよいでしょう。間食を第二の食事と位置付けると、スナック菓子ではなくて、ふかしたサツマイモやジャガイモ、トウモロコシや蒸したカボチャなど工夫次第で、自然な甘さで食べやすいおやつになります。

小さなおにぎりも、おやつとしては最適です。梅干しやひじきを混ぜてもいいですし、みそをちょっとつければ塩味が効いて食べやすいという子どももいます。

蒸したり焼いたりという「そんなひと手間が難しい！」という人は、煮干しや昆布をそのままおやつとして出してもいいと思います。また、市販されている多くの野菜が入った「ドライチップス」でもいいかと思います。乾燥したレンコンやゴボウなどが入っているので、スナック感覚で食べられます。ただし市販のものは塩分が多く油で揚げているので、カロリーなどが過剰にならないように注意が必要です。

■ ネガティブなことは言わない

触覚や嗅覚などの感覚過敏により好き嫌いが生じている場合は、嫌いなものを全く出さないのではなく、ほんの少しだけでもお皿に盛ってあげましょう。そして一口、一かけらだけでも食べられたときに「ほめられる」という「うれしい体験」や、お父さんやお母さんがおいしく食べる様子を見るなどの「楽しい経験」とともに食体験を積み重ねましょう。もちろん、急には食べられるようになりませんから、そのときに食べなくてもがっかりしたり、「やっぱり食べないのね」などとネガティブなことを言ってはいけません。感覚は心理的な状況と関連しているので、不安や緊張など不安定な心理状態により、防衛反応が大きく生じます。反対に、安心した気持ちやリラックスした状態であれば、同じ刺激に対しても大きな反応は出ません。

食事は楽しく食べるのが一番です。もしどうしても食べられないものがあるときは、無理に食べさせようとはせず、ほんの少しでも食べられたらたくさんほめて、まずはそれでよしとしましょう。味覚が少しでも広がり、ほめられる体験を重ねることで、食べられなかったものもいずれ食べられるようになるでしょう。

■ 感覚過敏のある子どものための「調理方法の工夫」

感覚過敏のある子どもの場合、その反応は本当にさまざまです。好き嫌いは味覚や嗅覚だけでなく、触覚の過敏とも関係していますから、舌触りや噛みごたえに加えて食べ物の温かさや冷たさによっても好き嫌いが生じることがあります。

したがって、子どもが「食べない」「嫌い」ということを示したとしても、調理方法や温度、味付けなどを変えてみてもよいでしょう。野菜が苦手な子どもは、細かく切って大好きなハンバーグに混ぜることはよく見られる調理の工夫です。そのほかには、カレーやシチューに入っている野菜ならOK、コロッケに混ぜれば食べる、温かければ食べるなど、さまざまに工夫してみることをおすすめします。

あそびの処方箋

口元やあごにふれてあそぼう

POINT

- 五感（視覚、聴覚、嗅覚、味覚、触覚）と食べ物の好き嫌いは関連しています。
- 口元にふれるあそびを通して、食べることへの「防衛反応」は小さくなります。

第3章 あそび編 生活面の心配ごと

くさぼうぼう

> ♪くさぼうぼう
> ひろばをまわって
> やまみちをおりて
> おいけをまわって
> がけのしたを
> コチョコチョコチョ

- 子どもと向き合うように抱っこして、頭から首までを触るあそびです。
- ふれあいあそびを通して、口元への刺激に慣れていきます。

①「♪くさぼうぼう」
子どもの頭を触ります。

②「♪ひろばをまわって」
おでこを指で一周するように触ります。

③「♪やまみちをおりて」
鼻筋を指で上から下へなぞります。

④「♪おいけをまわって」
口周りを指で一周するように触ります。

⑤「♪がけのしたを
　コチョコチョコチョ」
あごや首をくすぐります。

あそびの処方箋

野菜と仲良くなろう

POINT

- 人は本能的に知らないものに対して警戒心や嫌悪感を抱くので、野菜にふれる機会をつくってみましょう。
- 野菜を育て、苦手な野菜への親しみが増すことで食べられるようになることも。
- 食べ物に関する絵本を読むことで、子どもは食に関心を持ちます。

食べ物の好き嫌いがある・あそび食べをする

野菜を育てよう

- 野菜を食べることが苦手でも、育てることに抵抗はないことが多いもの。
- 家族が野菜を大切に育てる姿を見て、自分も肥料をいれたり芽かきをしてていねいに育てた野菜を収穫すると、野菜に対しての親しみが増します。
- 育てる野菜は、プランターならプチトマトやラディッシュ、葉ものなら小松菜やシソが育てやすいと思います。

食べ物の絵本を読んでみよう

やさいさん

tupera tupera 作
Gakken

おいしい おと

三宮麻由子 ぶん
ふくしま あきえ え
福音館書店

からすのパンやさん

かこさとし 作・絵
偕成社

にんじん

せな けいこ さく・え
福音館書店

あそびの処方箋

料理のお手伝いをしてみよう

POINT

- 料理をすると食材の匂いや触感が変わっていきます。
- その過程を体験することで、苦手な食材のイメージが変わることも。
- 好き嫌いには心理的な状態が影響します。見知らぬものに警戒心を示すのは当然のこと。まずは、野菜にふれることから始めましょう。
- 料理は子どもにとっては「あそび」です。「あそび」は楽しい、楽しいから「好き」になるのです。

料理は発達をうながす最高の「あそび」

　料理は、子どもにとって発達をうながす最高の「あそび」といえます。子どもは親が料理をしている姿を見て興味を持ち、「自分もやってみたい！」と感じます。これは、幼児期の子どもにとってまねることが重要なあそびの一部であり、好奇心や学びの原動力となっているためです。

　料理には、子どもの発達にとって多くのメリットがあります。

　料理を通じて、子どもは食材や調理方法にふれ、自然に食への興味や理解を深めていきます。この過程で、食材の名前や色、触感、匂いを知り、五感が刺激されます。また、包丁や計量スプーンを使う経験は手先の細かい動きを発達させ、注意力や集中力も育まれます。料理は、学びの要素が詰まった「食育」の場なのです。

　さらに、料理を通して苦手な食べ物に対する抵抗が減ることもよく見られます。野菜を切った瞬間の手ごたえや匂いを通してその食材への関心と親しみが増すため、普段は苦手な野菜でも、自分で切ったり調理したりしたものに対して、少しでも口にしてみようという気持ちが芽生えます。親子で作った料理が完成したときには、達成感や自信が生まれ、それを家族が「おいしい」と言って食べてくれれば達成感や自信がさらに増すことでしょう。そうした経験から「食べてみよう」と思えることも多いのです。

第3章　あそび編　生活面の心配ごと

いろんな野菜を洗ってみよう

- 野菜に触れることで、色や形を感じます。
- ゴシゴシ野菜をこする音、ジャバジャバと水で洗う音、水にふれる感覚、洗うことにより野菜の色が変化するのを感じることで、野菜が身近になります。

野菜の型抜きをしてみよう

- 型を抜くことで、まったく違うものに早変わり。野菜ではなく、色とりどりの飾りになります。
- うれしい、楽しいが料理の基本。

トウモロコシの皮むきをしてみよう

- 緑の皮をむくことで、中から黄色い姿を現すトウモロコシ。
- トウモロコシの洋服を脱がすようなイメージで、子どもと一緒に楽しみましょう。

スナップエンドウの筋とりをしてみよう

- スナップエンドウの背中には、一本筋が通っています。それをスーッと引っ張ると、きれいに筋がむけてきます。
- 切れないように、そーっと筋をとることができるか挑戦してみよう。

食べ物の好き嫌いがある・あそび食べをする

野菜を切ってみよう

「子どもに包丁はちょっと怖い」、「けがをしたらどうしよう」と思ったお母さん、お父さんへ。

子どもはちょっと痛い経験をすることで、大けがをしないようになります。次のポイントを押さえれば、大きなけがなく楽しんで食材とふれあうことができます。何歳から始めるかについては、個人差が大きいですが、3〜5歳くらいを目安に考えると良いでしょう。

「初めての包丁」ポイント

- いつからはじめる？
    - ☐ 大人の話すことをしっかり聞くことができるか。
    - ☐ 包丁を持つこと、食材を押さえることができるか。
    - ☐ 「あぶない」という感覚がわかるか。

- 包丁はどんなものを？
    - ☐ 果物ナイフや子ども用の包丁。
    - ☐ 誕生日などに、子ども専用の包丁をプレゼントすると子どもは大喜びで料理を始めるでしょう。

- 切り方は？　食材は？
    - ☐ まずは、上から下へ押し切り。
    - ☐ 食材は、野菜であればキュウリ、それ以外であればソーセージなど、それほど力を入れなくても切れるような素材から始めましょう。

あそびの処方箋

食べ物のおはなしをしよう

食べ物の好き嫌いがある・あそび食べをする

POINT

- 食べ物に関するおはなしは、子どものこころに響きます。
- 昔話の中にも食べ物に関するお話がいくつかあります。
- お話をするときは、いきなり話すのではなく、雑談をしてからお話しすると子どもたちは自然にお話に集中することができます。
- 短いお話なので、覚えて素話で子どもにお話ししてみましょう。

「にんじん　だいこん　ごぼう」

　むかしむかし、ある畑に、にんじんさんとごぼうさんとだいこんさんが仲良く暮らしていました。三人とも土の中でずっと一緒にいたので、みんなからだが泥だらけ。ある日「さあ、みんなで外に出かけよう。でも泥だらけのままじゃあ出かけられない。お風呂に入ってきれいになろう！」と三人はお風呂に出かけました。

　まず、最初にお風呂に入ったのは、ごぼうさん。「よーし！」と勢いよくお風呂に入ったのですが、なんとお湯がとっても熱くてびっくり！「あちちち！」とごぼうさんはすぐに飛び出してしまいました。だから、泥があまり落ちなくて、ごぼうさんは茶色いままです。

　次は、にんじんさんの番です。にんじんさんはとってもがまん強いので、熱いお湯でも「ふぅ、気持ちいい！」とがまんしてずーっとお風呂に入っていました。からだがどんどん温まって、なんと全身が真っ赤っかになってしまいました。

　最後は、だいこんさん。だいこんさんは二人が入ったあとの、ちょうどいい温かさのお風呂にのんびり入ります。「ああ、いい湯だな～」とゆっくりからだを洗っていたら、泥もきれいに落ちて、からだが真っ白に。

　こうして、今でもごぼうさんは茶色いまま、にんじんさんは赤い色、だいこんさんは真っ白になったんですよ。

おしまい

「上と下」

　むかしむかし、あるところに、畑をいっしょうけんめいたがやしているお百姓さんがいました。ところが、急に畑から大きな顔が出てきて、なんと鬼が現れました。すると、鬼が言いました。「おい、お百姓、おまえはここで、なにをしてるんだ？」

　「は、畑でおいしい野菜をたくさん作ってるんだよ。どうだい、鬼さんも手伝ってくれたら、おいしい野菜をわけてやるよ」

　「おう、それはいい。おいしい野菜が食べられるなら、おれも手伝うよ」と、鬼はやる気まんまんです。

　でも、お百姓さんは言いました。「けれど、鬼さんよ。あとでケンカにならないように、どうやってわけるか、今から決めておこう。畑の上にできたものは鬼さんのもの、下にできたものはおれのものにするというのはどうだ」

　「よし、おれが上のもんをもらうんだな」と鬼は納得しました。二人はさっそく毎日、いっしょうけんめい畑の世話をしました。

　やがて、畑にできたのは、大きな大きな大根です。お百姓さんは大きな白い大根をたくさん収穫して大喜び。でも、鬼がもらったのはしおれた葉っぱだけ。

　「おいおい、ずるいぞ！　今度はおれが畑の下、おまえが上のもんをもらうんだ」と、鬼はぷんぷん怒りました。

　「いいとも、今度は鬼さんに下にできたものをあげるよ」とお百姓さんもにっこり。

　そしてまた、二人はいっしょうけんめい種をまき、毎日畑の世話をしました。そして、夏になってできたのは、まっ赤で甘いイチゴでした。お百姓さんはおいしそうなイチゴをかごいっぱいに収穫し、うれしい気持ちで帰りました。

　さて、鬼が手にしたのは、引っぱっても引っぱっても、細い根っこばかり。「な、なんだこりゃあ……」と、鬼はがっかりして帰っていきました。

　　　　　　　　　　　　　　　　　　　　　　　　　　おしまい

第3章　あそび編　生活面の心配ごと

トイレに行きたがらない

関係する感覚　触覚　**生命感覚**　運動感覚　平衡感覚

✓ どんな行動？

- うながしてもトイレに行きたがらない
- トイレで排泄しない

解説　なぜ、トイレに行きたがらない？

　子どもがトイレに行きたがらない理由はケースバイケースですが、以下のいずれかに当てはまるのではないでしょうか。

■（1）トイレの環境が怖いと感じている

　トイレの音や空間、におい、便器に座る感覚が怖いと感じていることがあります。トイレの暗くて閉鎖的な空間や、狭い中でトイレの流れる音が大きく感じられる、また洋式の便器に座るとからだが落ちそうに感じるなど、トイレに不安を覚えることがあります。

■（2）あそびに夢中になっている

　あそびなどに夢中になっていると、トイレに行くことが後回しになり、行きたがらないことがあります。うれしい気持ちや楽しい気持ちにより、熱い、冷たい、痛いなどの感覚が抑制されるために、便意や尿意を感じにくくなります。ですから、3歳児くらいまでは、あそびに夢中になっていると、尿意・便意に気づきにくくお漏らしをしてしまうことがあります。

■（3）排泄の感覚（尿意・便意）がまだわからない

　乳幼児は、自分のからだの感覚をまだ理解していないことがあります。そのため、

「お腹が張っている」「お腹が痛い」と感じても、それがどういうことかはっきりわからず、トイレに行くのをためらうことがあります。また　膀胱や腸のコントロールが発達の途中であるため、排泄のタイミングを理解してトイレに行くことが難しいこともあります。トイレで排泄することが自然に感じられず、抵抗を感じることがあります。

■（4）トイレでの排泄に失敗した経験がある

過去にトイレで失敗した経験があると、「また同じことが起こるかも」と不安になり、トイレに行きたがらなくなることがあります。特に、おむつ外しの初期では、親の思いをプレッシャーに感じてトイレでの排泄が「気持ちの良いもの」「楽しいもの」ではなく、「義務」「嫌なこと」のように感じてしまいます。トイレットトレーニングは慌てず焦らずが大切です。

■（5）からだのコントロールが難しくてトイレで安定して座れない

トイレで座る際には、一定時間じっと座り続ける集中力や姿勢を保つ筋力が必要ですが、からだをコントロールする力が弱い子どもはそれが難しい場合があります。そうした子どもは、安定して座ることが難しく、トイレに行くことが苦痛であることがあります。

専門家の視点　どうすればいい？

乳幼児期のトイレットトレーニングは、子どもに発達段階に応じたステップを踏みながら行うことが大切です。子どもにとっても排泄は新しい体験であり、無理なく進めることでスムーズに成功に導くことができます。以下、いくつかのポイントをご紹介します。

■（1）排泄をコントロールするための準備ができているか

まず、トレーニングを始める際は、「子どもに準備ができているかどうか」に注目しましょう。一般的に、2歳から3歳ごろになると、子どもは徐々に排泄をコントロールする力がついてきます。しかし、個人差が大きいこともあり、すぐにトイレでできるようになる子もいれば、3歳を過ぎてからコントロールできるようになる子もいます。準備ができたサインとしては、数時間おむつが乾いている、汚れたおむつを気にして替えたがる、トイレに興味を示す、簡単な指示に従えるなどが挙げられます。

■（2）トイレに行くタイミングを見計らう

子どもをトイレに誘うには、タイミングを見計らうことが大切です。排泄のリズムがなんとなくわかってきたら、決まった時間にトイレに誘うようにします。例えば食事のあとや、寝起きなどは排泄しやすいタイミングです。また、お風呂の前などは、服を脱いでいるのでトイレに誘いやすいと思います。まずは、親と一緒にトイレで過ごすなど、ゆっくりとトイレに慣れることが大切です。このときにトイレで無理に排泄させようとしなくても大丈夫です。最初は短い時間で、服を着たまま座るだけでもいいので、トイレに慣れることから始めましょう。

■（3）トイレの環境を整える

トイレの環境を整えることも大切です。トイレは閉鎖された空間なので、最初は親と一緒に入りましょう。不安定な洋式トイレに座ることを怖いと感じていることもあるので、子ども用の補助便座は子どもの体格に合った、安定したものを選ぶようにしましょう。また、足が床につかないと不安に感じる子どももいるので、踏み台を使用してもよいでしょう。

■（4）できたら「ほめる」

トイレでの排泄に成功したらほめることは大切ですが、ほめすぎなくても大丈夫。ほめすぎると、一生懸命におしっこを出そうとすることも。「ほめるとは認めること」なので、背中をトントンとしたり、目を見て「ウン」とうなずくだけでもよいでしょう。失敗しても叱ってはいけません。失敗は成長の一部として見守りましょう。失敗があっても焦らず、慌てないことが大切です。

■（5）トイレをまたぐ力を育てる

またいだりバランスをとるあそびでたくさんからだを動かして、トイレをまたいだり座ったりする力を育てましょう。安定して姿勢を保ち、バランスをとって座ることができるようになると、便器に落ちてしまいそうに感じることもなくなり、トイレへの抵抗感も少なくなるでしょう。

あそびの処方箋

トイレに行くまほうの言葉

POINT

・理屈や説得よりもユーモアとファンタジーで子どもに伝えましょう。

おしっこできろ

おしっこできろ〜

子どものお腹をさすりながら

- 「おしっこできろ〜」とおまじないのように唱えてみましょう。
- 「おしっこできたかな？」と言いながらトイレに行けるようになるかも？

　幼児期までの子どもには、ユーモアとファンタジーで伝える方がうまくいくことが多いもの。上手におしゃべりができるようになると、つい大人に話すように理屈で説得したくなります。しかし、幼児期までの子どもは上手におしゃべりができるように見えても、まだまだ夢の中の住人です。「おしっこできろ〜」のように、想像力豊かに伝えた方が子どものこころに響きます。また、「トイレに行かないと、おしっこが出なくなっちゃうよ」というように不安にさせるような伝え方も禁物です。

　ちなみに「おしっこできろ」は、2018年のNHK「すくすくアイディア傑作選」で放送されたものです。

あそびの処方箋
トイレの絵本を読んでみよう

POINT
・絵本を読むことで、トイレや排泄に対して親近感を持つようになります。

トイレに行きたがらない

おすすめのトイレの絵本

みんなうんち
五味太郎 さく
福音館書店

うんちしたのはだれよ！
ヴェルナー・ホルツヴァルト 文
ヴォルフ・エールブルッフ 絵
関口裕昭 訳
偕成社

あけて・あけてえほん　といれ
新井洋行 作・絵
偕成社

ノンタンおしっこしーしー
キヨノサチコ 作・絵
偕成社

108

あそびの処方箋
またいだりバランスをとるあそび

POINT
- さまざまな動きを経験することで、安定的にトイレに座ることができるようになります。

車に乗ってあそぼう

- おもちゃの車や補助輪つきの自転車などをまたいであそぶ動きをしてみましょう。
- バランスボールやウレタン積み木などをまたいであそぶのもおすすめです。

バランスゆれあそび

- バランスボールにのせ、手をつなぎながら上下に弾みます。
- ゆれあそびによって、平衡感覚が育ち、トイレで座れるからだを育てます。

便秘になりがち

関係する感覚　触覚　**生命感覚**　運動感覚　平衡感覚

☑ どんな行動？

次の状態が1か月以上続くときに「便秘」と診断されます。
- 1週間に2回以下の排便しかない
- 排便のときに痛がったり、硬い便でなかなか出ない

「小児慢性機能性便秘症診療ガイドライン」より

解説　なぜ、便秘になる？

■「便」はからだの調子を知らせるサイン

　乳児は、自分のからだの不調を言葉では知らせてくれないため、排便の頻度や便の形状、色などは、からだの調子を知らせてくれる大切なサインです。つまり排便の回数や便の質を知ることによって、食べること、寝ること、運動することなど、生活そのものを振り返ることが大切です。

■ 便秘を見つけるには

　乳児の便秘は、排便回数が減り、便が硬く出にくくなる症状で、便秘かどうかは便の回数や硬さ、排便時の様子から判断します。一般的に「1週間に2回以下の排便」や「硬くて出にくい便」、また「排便時に泣く」「お腹が張っている」などが便秘のサインです。乳児の便秘は、哺乳不足のほか、便の機能や消化器系の未成熟さなどが背景にあることが多いようです。

■ 排便の悪循環

　乳幼児の便秘には2つのサイクルがあります。
　一つめのサイクルは、硬い便により痛い思いをすることから始まります。硬い便

を出そうとして痛い思いをすると、2〜3歳くらいの子どもは、次に便意が生じても我慢してしまいます。便はしばらく我慢していると便意を感じづらくなり、便はそのまま大腸に残ることになります。大腸は便から水分を吸収するのが主な働きですから、便はどんどん硬くなり、いよいよ出るというときには大きな痛みが生じることになります。それで、ますます排便を我慢するという悪循環になるわけです。

　二つめのサイクルは、直腸に便が常にある状態から来る悪循環です。通常は直腸に便がたまると便意が生じるのですが、慢性的に直腸に便が滞留することで直腸が広がり、腸からの刺激に鈍感になり便意が起こりにくくなるのです。

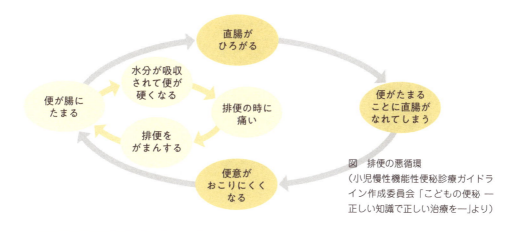

図　排便の悪循環
（小児慢性機能性便秘診療ガイドライン作成委員会「こどもの便秘 ―正しい知識で正しい治療を―」より）

専門家の視点　どうすればいい？

　排泄には自律神経が関係しています。自律神経は人の意思とは関係なく働く神経です。呼吸や排泄、血液の循環や消化など生命の維持に必要な機能をコントロールしています。自律神経には、「交感神経」と「副交感神経」とがあります。交感神経はからだの活動を活発にする働きがあり、副交感神経は、からだを休める働きを担っています。

　排便に関わる腸の働きは、副交感神経が優位になるときに活発化するので、便秘への対策は、副交感神経を優位にするための活動、つまり心身ともにリラックスできるような活動をすることが大切です。

　また、気持ちのいい排便につなげるためには、生活リズムを整えることも大切です。排便は自律神経と関係していますから、毎日の生活リズムが排便と大いに関係しています。ミルクや離乳食、食事などの時間は一定にする、寝る時間と起きる時間は毎日なるべく一定にする、日中は太陽の光を存分に浴びてあそぶこと。このような「食べる」「寝る」「あそぶ」の生活リズムを整えることで、おのずと排泄のリズムは整っていくでしょう。

あそびの処方箋

マッサージをしよう

便秘になりがち

> **POINT**
> ・親子でふれあうことで、子どもの副交感神経が優位になります。
> ・リラックスできるような静かな環境でたくさんふれあいましょう。
> ・お腹や足つぼなどに軽く刺激を加えることで、排便をうながします。

「の」の字マッサージをしよう

- 子どもを寝かせて、「の」の字を書くようにお腹をタッチします。
- 少しお腹がへこむ程度に、やさしく押しましょう。

乳児から行ってOK。

大腸2ポイント押し

2歳以上

- 大腸は、4隅の動きが悪くなります。特に子どもは図の左下と右上の2か所（子どもにとっては右の脇腹と左のあばら骨の下）の動きが悪く、便がたまりやすくなるので、この部分を軽く押します。
- 2か所のポイントを親指で10回くらい軽く押します。子どもが気持ちよくなるようなイメージで優しくゆっくりと押しましょう。

（NHK首都圏ナビ「子どもの便秘解消　おうちでのマッサージと体操」より）

足つぼマッサージをしよう

乳児から行ってOK。

- 足は消化管につながっているツボが集積している場所。
- 足のツボを刺激することで、消化管が刺激され排便につながります。
- まずは、右足の外側から押しはじめ、中央あたりを横切って左足の外側を押します（黄色の矢印）。
- その後、足の中央から内側に沿って押し（土踏まずあたりまで）、中央に向かって押します（茶色の矢印）。両足のマッサージをして終了。

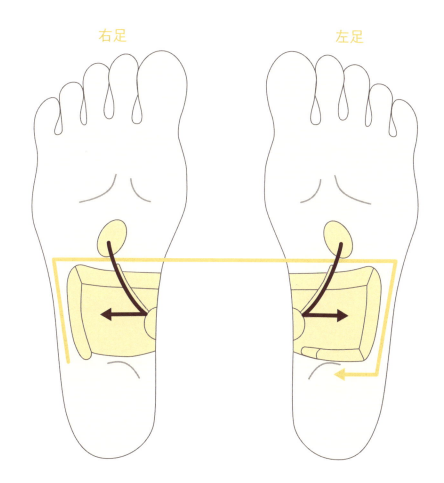

右足　　　左足

あそびの処方箋

腸活！ヨガをしてみよう

便秘になりがち

POINT

- 深呼吸はヨガの第一歩。子どもと一緒にヨガをすることで、子どもの副交感神経が優位になり、排便につながります。
- 腸周辺の器官を動かすことで、腸への刺激にもなります。
- 親がリラックスすることで、子どものリラックスにつながります。

抱っこして深呼吸

- 子どもを抱っこして、親が深呼吸をします。
- 親のリラックスが子どもに伝わり、子どもの副交感神経が優位になることで、排便につながりやすくなります。

座って深呼吸

3歳以上

- 座って自分の呼吸を意識しながら、お腹に手を当てます。
- ゆっくりと5秒吸って、10秒吐きます。親子で一緒にやってみましょう。
- 秒数はあくまでも目安です。苦しくない程度に、呼吸を意識しながらやってみましょう。

あそびの処方箋

腸活！体操をしてみよう

POINT
- さまざまにからだを動かすことが、排便をうながす基本。
- ジャンプしたり、しゃがんでみたり、跳びはねてみたりしてみましょう。

ペンギンたいそう

1歳くらいから

- ペンギンをイメージして、その場でジャンプ。
- ジャンプすることで、腸を刺激します。
- 足が床から離れない程度でOK。
- 10回ほどジャンプしてみましょう。

- 齋藤 槙 さく『ぺんぎんたいそう』（福音館書店）を読んでから体操をしても楽しい。

カエルたいそう

3歳以上

- カエルのように足を広げてしゃがみます。これだけで、肛門が鍛えられます。
- しゃがめるようになったら、足を床につけたまま、からだだけ左右にひねってみましょう。こうすることで腸や肛門が刺激されます。

第3章 あそび編 生活面の心配ごと

115

触覚の過敏がある

関係する感覚　　触　覚　　生命感覚　　運動感覚　　平衡感覚

✓ どんな行動？

- 散髪してもらうのを嫌がる
- 特定の服だけしか着られない
- 歯みがきを嫌がる　●のりを触れない、粘土を触れない
- 爪切りを嫌がる　●はだしで砂場や砂浜に下りられない
- あご紐が嫌　●タートルネックのセーターが着られない
- ベビーシート（チャイルドシート）に座れない

解説　なぜ、触覚の過敏が生じる？　なぜ嫌がる？

■ 触覚の３つの働き

　触覚には、次の３つの働きがあります。
①保護する働き
　触覚は、からだの一番外側にある感覚ですから、自分のからだにふれたものが危害を加えるものか、そうでないのかを感知するセンサーのような働きをしています。もしもふれたものが危害を加えるものだとしたら、逃げる・固まる・攻撃するなどの身を守る行動へと導きます。
②識別する働き
　また、触覚は、対象をじっくりとさぐり分ける働きがあります。この働きによって人はふれただけで素材や形がわかるようになります。
③安心・信頼を育む働き
　人は他者にふれることや、ふれられることを通して、他者に対して安心した気持ちを抱きます。こうした行為を通して、子どもは愛着を形成していきます。

■ 保護と識別を自動的に切り替えている

　私たちは、日常生活において、保護する働きと識別する働きを自動的に切り替えています。そのため、それほど意識することなくスムーズに生活ができています。

　バラエティー番組などでよく見る「箱の中身はなんだろなゲーム」では、保護する働きと識別する働きのチャンネルが切り替わる様子がよくわかります。

「箱の中身はなんだろなゲーム」では、見えない何かにふれたとき、びっくりして手を引っ込めます。これが触覚の保護する働きの「逃避行動」、または「触覚防衛反応」と言います。これは自分のからだを外敵から守るために生じます。

　しかし、その後「あれ、最初はびっくりしたけど、ふれたものは危害を加えるものではないな」と感じると、思い直してゆっくりと対象物に触り、素材や形を確かめ始めます。これが識別する働きです。このとき、保護するチャンネルから識別するチャンネルに切り替わったということができます。このチャンネルのバランスが大切で、バランスが崩れると、過敏に反応したり、反応が鈍くなったりします。

専門家の視点　どうすればいい？

■ 触覚防衛反応は心理的状態によって左右される

　触覚による過敏な反応（触覚防衛反応）は、心理的状態に左右されます。例えば、大好きなお父さんやお母さんに頬ずりされるとうれしい思いで満たされますが、まったく知らない人にいきなり頬ずりされれば、子どもは泣きだしてしまいます。頬ずりという頬に感じる触覚の刺激は同じはずなのに、「好きか嫌いか」という心理的状態に反応が左右されるのです。反応は「好きか嫌いか」だけではなく、「楽しいか楽しくないか」「満足か不満か」「安心か不安か」などの心理的状態が大きく影響します。

■「楽しい気持ち」で触覚を育てる

　触覚は「楽しい気持ち」や「うれしい気持ち」などとセットで経験すると、防衛反応が抑制されます。したがって、過敏な反応が出てしまうときには、不安が生じているととらえて、その不安を解消するように関わると、スムーズに生活できるようになるでしょう。

あそびの処方箋

ふれあってあそぼう

触覚の過敏がある

POINT
- ふれられることが苦手な子どもも、大好きなお父さんやお母さん、園の先生からふれられれば楽しい経験となります。
- くすぐりあそびは、ふれあいあそびの定番。くすぐられたり、ギュッと圧迫されるような感覚は、比較的受け入れやすいです。
- 手先や足先に加えて、顔やお腹などにもふれてみましょう。

「ぽっつんぽつぽつ」

ぽっつんぽつぽつ
あめがふる
ぽっつんぽつぽつ
あめがふる
ざあーっと
あめがふる

- 手のひらに雨が降るようなイメージで、子どもの手のひらにふれます。

① 「♪ぽっつんぽつぽつ　あめがふる」
人さし指で子どもの手のひらにふれる。

② 「♪ざあーっと」
5本の指で子どもの背中にふれる。
※触るところはどこでもOK。手のひらを触ってあげてもよいでしょう。

③ 「あめがふる」
再び、人さし指で子どもの手のひらにふれる。

「めんめんすーすー」

> ♪ めんめん
> すーすー
> けむしし
> きくらげ
> ちゅ

- 大人が子どもの顔にやさしくふれてあそぶわらべうたです。
- 顔は知らない人に触られると嫌な気持ちになる敏感な場所ですが、大好きなお父さんやお母さんにふれてもらうと、うれしい気持ちになり、安心してリラックスすることができます。

① 「めんめん」… めじりにふれます
② 「すーすー」… 鼻筋にふれます
③ 「けむしし」… 眉毛にふれます
④ 「きくらげ」… 耳にふれます
⑤ 「ちゅ」……… 唇にふれます

おなべふ

- 子どものからだにふれてあそぶ「うらないあそび」です。
- 「おなべふ」に合うことばを決めておきます。子どもと一緒に考えてもOK。

「お」＝おりこう　おこりんぼ　など
「な」＝仲良し　泣き虫　なまけもの　など
「べ」＝べっぴんさん　勉強がんばる　など
「ふ」＝ふきげん　ふざけんぼ　など

- 「お・な・べ・ふ」と言いながら子どもの腕を取り、手首からひじに向かって大人の両方の親指を交互に当てていきます。
- 子どものひじの関節まで来たときのことばで、子どもに占いの結果を伝えて楽しみます。

第3章 あそび編　生活面の心配ごと

119

あそびの処方箋

手探りあそびをしてみよう

触覚の過敏がある

POINT

- 「袋の中身はなんだろう？」と興味を持って触ろうとするこころが大切です。
- 見えないものを手の感触だけで探ることで、触覚の「識別する働き」が優位になり触覚過敏が抑制されます。

袋の中身はなんだろう

- 袋の中に入っているものが、何か当ててみよう。
- 同じものを2つずつ入れておいて、「触覚神経衰弱」をやっても楽しい。

- 袋の中身の例は、次のようなものがおすすめです。
  ①自然の素材（大きさや形がさまざまな石、葉っぱ、木の枝、木の実など）
  ②積み木（大きさや形がさまざまなものを入れてみる）
  ③おもちゃ類（ミニカー、ミニチュアの飛行機、電車、ミニチュアの家など）
- そのほか、かまぼこ板や、目の細かさを変えた紙やすり、日用品（くし、ブラシ、スプーン、コップなど）などを試してもおもしろい。

120

あそびの処方箋

足でふれよう

> **POINT**
> - 足を布で覆って、足に触れたものが何かを当てます。
> - はじめのうちは不安が強い場合があるので、かくすものを見せてからやるのがよいでしょう。
> - 強めの力と広い面積でしっかりと足に当てると認識しやすいです。

- 素材は、手探りあそびのときと同様に、自然の素材や、おもちゃ類、日用品など、足でふれても壊れないものを選びましょう。

- スポンジ、たわし、ブラシなどを見せて、これらのうち、いま足にふれているものが何かを当てるとおもしろい。

足で感じる「感覚ロード」

- 家庭で簡単に揃えられるようなものを並べて、その上を歩いてみましょう。

(例)
- 緩衝材のプチプチ
- ペットボトルのキャップ
- 段ボール
- バスタオル
- 畳んだ新聞紙
- 青竹ふみ

- 並べる素材を、小石や木の葉など自然素材から選んでもいいですし、積み木やブロックなど踏んでも壊れないおもちゃ類から選んでもいいでしょう。

あそびの処方箋

自然にふれよう

触覚の過敏がある

POINT
- 公園や園庭、散歩に行った先で出合う動物や植物にふれてみましょう。
- 乳幼児期に経験する実体験は、子どもにとって多くの貴重な学びにつながります。

木の幹にふれよう

- 木の幹に抱きつくようにふれたり、手のひらで木肌にふれてみよう。
- どんな肌触りでしょうか。

石にふれよう

- キラキラする石、つるつるする石、ざらざらな石、大きさや色、ひとつとして同じものはありません。
- 大人も、子どもの興味に寄り添いながら、いろいろな石にふれてみましょう。

虫さがし

- 公園や園庭には、さまざまな生き物がいます。
- チョウ、セミ、セミの抜け殻、ダンゴムシ、トカゲなど。
- そっと触って虫かごに入れて観察してみましょう。好奇心旺盛な子どもたちは、触覚の過敏が抑制されて、夢中になって観察するでしょう。

※子どもに動物や植物へのアレルギーがある場合には、注意が必要です。公園や園庭に自生している植物でかぶれやすいものがないかどうか、事前に確認しておきましょう。

あそびの処方箋

ねんどであそぼう

POINT
- いきなり泥んこあそびや砂あそびができない子どもは、ねんどあそびからはじめましょう。
- あぶらねんど、土ねんど、紙ねんど、蜜(みつ)ろうねんど、小麦粉ねんどなどいろいろな素材の粘土を試すのもよいでしょう。
- 素材に加えて、色もさまざまにあるので、触覚の過敏がある子どもが楽しく取り組めるものを選んでみましょう。

ねんどでお団子

- 触覚過敏がある子どもは、べたべたする感じを嫌がることが多いので、べたべたしないねんどを選ぶとよいでしょう。
- シュタイナーの幼児教育でよく使用する蜜ろうねんどは、天然の蜜ろうを使用しているのでにおいも良く、べたべたせず、色もさまざまにあるので使い勝手がよくおすすめです。最初はやや硬い感じがするものの、手のぬくもりによって柔らかくなります。
- 幼児の場合は、大人が温めて柔らかくしてから渡すと使いやすいです。

第3章 あそび編 生活面の心配ごと

あそびの処方箋

砂あそびに慣れよう

触覚の過敏がある

POINT

- 触覚が過敏な子どもの場合、砂や泥に直接触ったり汚れたりするのを嫌がることがあります。
- 砂あそびは手先の発達にも効果的です。嫌がる場合は無理をさせず、少しずつ感触に慣れるあそびから始めてみましょう。

袋で砂あそび

- レジ袋や、ジッパー付きのポリ袋に砂を入れて、感触を楽しんでみましょう。
- 手が汚れないので、触覚が過敏な子どもでも取り組めます。
- 袋の外側から触ることから始めると、直接砂に触ってみたくなるかもしれません。

バケツで砂あそび

- バケツを砂に押し当てて跡をつけたり、砂をすくってみたりしましょう。
- 砂の入ったバケツをひっくり返して、山を作っても楽しい。
- 大人がお手本を見せながら、一緒にやってみましょう。
- 「楽しいな」と思えることが大切です。

124

あそびの処方箋
泥んこあそびをしてみよう

> **POINT**
> - 砂場やお庭などの砂や土と水を混ぜて、好奇心を刺激する素材を通して、「ちょっと変わった感触」「慣れてない感覚」「直接触れてみる」という経験を重ねていきます。
> - 泥んこあそびが苦手な子どもの場合は無理してやらせず、大人がお手本を見せて楽しそうにあそびましょう。

泥んこぶろ

- 土と水があれば、どこでも泥んこぶろの出来上がり。
- からだでさまざまな感触を楽しもう。
- 汚れてもいいような服装で。外からの視線をさえぎる工夫がしてあれば、パンツ姿でOK。

泥んこレストラン

- 全身で泥んこになってあそぶだけが、泥んこあそびではありません。
- 泥や道具があれば、子どもたちはあっという間にままごとあそびを始めます。
- 全身どろだらけになるのが苦手な子どもや、不安がある子どもには、こうしたあそびから始めてみましょう。

第3章 あそび編 生活面の心配ごと

column

あなたは「あら探し」の名人？
「いいところ探し」の名人？

　忙しいお母さん、お父さんは、毎日の生活に追われながら子育てをしていると、つい子どもに「こうやってほしい」「何回言えばわかるの、もう！」とダメ出しをしたり、怒ったり、ため息をついてしまうことも多いのではないでしょうか？

　でも、本当はみなさん、子どもをほめたいと思っていますよね。にもかかわらず、子どものネガティブなところばかりが目についてしまい、イライラしてしまうのはなぜでしょうか。

　それは、「ネガティブバイアス」と「選択的注意」という、人間が生まれながらに持っている心理的な傾向によるものです。

　ネガティブバイアスとは、ネガティブな情報や経験をポジティブなものよりも強く記憶し、影響を受けやすい心理的な傾向を指します。これは、人間が野生動物とともに暮らしていた時代から備わっている本能的な「監視カメラ」のようなものです。危険な情報を素早く察知することで、自分自身を守る役割を果たしてきました。

　選択的注意とは、多くの情報が存在する環境の中で、特定の対象のみに注意を向ける認知のプロセスを指します。これによって、重要な情報を素早く把握し、情報処理をスムーズに行うことができます。

　もしあなたが「あら探しの名人」だとしても、それは人間として当然持つ能力を発揮しているだけで、特に心配する必要はありません。

　しかし、だからこそ、私たちは意識して「いいところ探しの名人」を目指す必要があるのです。まずは、子どものいいところを10個探してみましょう。そしてそれを伝えてみてください。実際に子どものいいところを10個探して伝えてみると、言われた子どもの自己肯定感が高まるだけではなく、伝えた自分自身の幸福感も高まることに気づきます。

　ポジティブ心理学によると、周りの人と多くのものを分かち合い、ほかの人の人生に貢献すること以上に、自分自身が満足を得られる行為はないといいます。

　親は子どもを授かった日から「親」になりますが、はじめから親らしい行動が身についているわけではありません。子育てをしながら親になり、親も壁にぶつかり、そのたびに落ち込み反省しながら、次第に親らしさを身につけていきます。そして、なにより親の明るい笑顔が子どもの情緒の安定につながります。

　さあ、子どものいいところを10個、早速考えて伝えてみましょう。

　きっと、親子ともに笑顔が増えるはずです。

第4章

あそび編

ことばの
心配ごと

目が合いにくい

関係する感覚　　触覚　　生命感覚　　運動感覚　　平衡感覚

✓ どんな行動？

- 名前を呼んでも振り向かない、反応しない
- 近づいて目を合わせようとしても、アイコンタクトを避ける
- 親が近くにいても、自分から寄ってこようとしない

解説 なぜ、目が合いにくい？

■ ことばの発達は個人差が大きい

　子どもは1歳前後になると「ママ」「パパ」など、発音しやすい音を含む単語が出てくるようになります。親にとってはうれしい瞬間ですが、ことばの発達がゆっくりな子どももいます。ことばの発達は、ことばが「あるかないか」でとらえられやすく、発語がない場合は気がつきやすいので、親にとっては心配の種になりやすいものです。

　ことばの発達は個人差が大きいため、発語がゆっくりな子どもの場合は、3歳の誕生日を目安として、以下の2点のポイントを押さえるとよいでしょう。

1. 発語に至ることばとコミュニケーションの土台が育っているかどうか
2. 3歳の誕生日までに2語文が出ているかどうか

■ ことばの発達が遅れていると目が合いにくいことがある

　目が合いにくい原因の一つとして、ことばやコミュニケーションの土台が育っていない可能性が考えられます。ことばの土台とは、指さしやアイコンタクト、発声、共同注意が育っているかどうかです。こうした土台が育つためには、親子における愛着の形成が大切です。

■ ことばの土台を育てよう

ことばの発達は、発語が「あるかないか」に注目しがちですが、ことばが出てくるためには土台が育っていることが大切です。ことばの土台としては、①指さしがあるかどうか、②アイコンタクトがあるかどうか、③発声があるかどうか、④共同注意があるかどうか、の4点が挙げられます。ことばの土台についてはp.26でくわしく解説していますので、ぜひ参考にしてみてください。

専門家の視点　どうすればいい?

■ 毎日のスキンシップで愛着を育てる

子どもと目が合いにくい場合、第一に大切なことは、親子の間に愛着を形成することです。そのためには毎日のスキンシップが大切です。日々の生活の中でスキンシップをたくさん行うことで「パパ好き」「ママ好き」「一緒って楽しいな」など、人と関わることの楽しさやうれしさ、人を信頼する気持ちを育てていくことができます。そういう気持ちから、ことばやコミュニケーションが育っていきます。

目が合いにくい子どもは相手を意識する力が弱いため、親と子が近づいてあそんでみることをおすすめします。楽しい思いを至近距離で共有することで、子どもは相手への意識が高まります。

また、一緒にあそぶときは、子どもの顔が見えるところにいるようにしましょう。子どもがあそんでいるときに見える位置にいることで、子どものうれしい、困ったなどの表情がよく見えます。よく見えることで、大人は子どもと一緒にうれしさを感じたり、困った気持ちを受け止めることができるため、子どもはより大人を意識することができるようになります。

あそびの処方箋

毎日のスキンシップを楽しもう

POINT
- 着替えや食事、お風呂や寝かしつけなど、日々親子で過ごす時間は大切なスキンシップタイムです。
- スキンシップのときは、声をかけながら行います。

目が合いにくい

食事のときに

- 「おいしいね」「もぐもぐ」など、声をかけながら一緒に食べましょう。
- 子どもが座っているのに、大人が食事の準備や片付けなどのために立ち歩くと、子どもも落ち着かなくなってしまいます。
- 食事中は、ゆったりとした気持ちでいるように心がけましょう。

集中するためには、テレビやタブレット、スマートフォンなどは消しておきましょう。

お風呂や着替えのときに

- お風呂や着替えも大切なスキンシップタイムです。
- ふれあいながら「からだ拭こうね」「上手にできたね」と話しかけましょう。

130

あそびの処方箋

親子でからだあそびをしよう

POINT
- 相手を意識するために楽しいあそびを親子でしましょう。
- 「一緒にいると楽しいな」と子どもが思えることが大切です。
- 「伝えたい」「一緒に過ごしたい」「大好き」という気持ちが育ちます。

座って抱っこ

- 子どもを自分と向かい合うように膝にのせて座り、抱っこしてゆらしましょう。
- うたいながらゆらすと、子どもは親の胸から伝わる振動でより心地よく感じるでしょう。

おんぶでゆれる

- おんぶをしながら、ゆらしてみましょう。
- 散歩をしながらおんぶをして、車や電車などを一緒に見て「電車が来たね」「ブーブーだね」などと見えたものをことばにして子どもに聞かせてもよいでしょう。
- 子どもは、落ちないようにしっかりと大人にしがみつきます。

大人の背中から感じる温かみとゆれによって、子どもは楽しくかつ安心感を抱きます。

あそびの処方箋

たくさんほめよう

目が合いにくい

> **POINT**
> - ほめられることは、大人と同じように子どもにとってもうれしいこと。
> - ことばとともに、身振りやスキンシップでたくさんほめましょう。
> - 子どもが喜ぶほめかたを見つけましょう。
> - 声かけ、抱きしめる、頭をなでる、喜ぶ表情、しぐさなど、どのようなほめ方であれば子どもが喜ぶのか、ほめられたことが子どもに伝わるのかを探ります。

たくさんのことばでほめる

できたね！
すごいね！
やったね！
うれしいね！
かわいいね！
かっこいいね！
がんばったね！

- たくさんのことばを使って、子どもをほめてみましょう。
- いちばん伝わりやすいほめことばを見つけましょう。

タッチで伝える、抱きしめる、拍手、なでる

タッチ    拍手    頭をなでる

- タッチをすることで、「これはいいこと」ということが伝わりやすくなります。
- よりほめられていることが伝わるやりかたを探してみましょう。
- たくさんほめられることで、「ほめてもらってうれしいな」「またほめられたいな」などと思い、ほめられたことを繰り返しやってみたくなります。

> あそびの処方箋

顔が見えるところであそぼう

POINT
- 子どもがあそんでいるときに、大人は子どもの顔が見えるところにいることで、子どものうれしい表情や困った表情がよく見えます。
- よく見えることで、一緒にうれしさを感じたり、困った気持ちを受け止めることができる機会が増えます。

子どもの後ろにいるよりも

子どもの後ろにいると、あそんでいる表情がよく見えない。

正面、横並び、斜めの位置にいましょう

正面

横並び

斜め

- 正面や、横並び、斜めの位置にいることで、子どもの顔がよく見えます。
- 子どもも、大人が見えるので困ったときなどにその気持ちを伝えることができます。

第4章 あそび編 ことばの心配ごと

133

一日中一人あそびをしている

関係する感覚　触覚　生命感覚　運動感覚　平衡感覚

✓ どんな行動？

- 集団での行動が苦手
- ほかの子どもと関わってあそばない
- 集団の中にいても、ほかの子どもが近づいてくるとその場から離れていってしまう

解説　なぜ、ほかの子どもと関わってあそばない？

　一人あそびといっても、子どもによってさまざまな意味があります。ぼーっとしていて何もしていない状態に見えるようで、実は自発的な行動を始める前の観察や探索の時間であることもあります。

　子どもの一人あそびは、子どもが独自の活動を行う段階で、集中力や想像力を育む段階ととらえられるため、特にそれだけで発達の心配をする必要はありません。

　しかし、満4歳をすぎても一日中一人あそびをしていたり、ほかの子どもと全く関わろうとしない、だれかが近づいてくると逃げてしまうなどの行動がみられるときは、集団での活動に苦手さがあると考えられます。

　また、ことばの発達に遅れがみられる場合にも、ほかの子どもと関わることができないために一人あそびが多くなる傾向にあります。

■ あそびの段階と発達の流れ

　あそびは、子どもの発達において身体的・心理的な成長をうながす重要な役割を果たします。ここでは、あそびの発達段階とその特徴についてまとめます。

　あそびの発達は、アメリカの研究者パーテンが1932年に提唱した6つの段階で説明されます。

1. 何もしていない状態 （0〜3か月）	子どもは特定のあそびをしているわけではなく、からだを動かしたり、周囲を眺めたりする。あそびの準備段階であり、自発的な行動を始める前の観察や環境の探索の時間。
2. 傍観的行動 （0〜2歳）	ほかの子どもたちのあそびを観察するが、自分は参加しない。他者の行動を学び、社会的関心を持つきっかけとなる。
3. 一人あそび （2〜3歳）	子どもが独自の活動を行う段階であり、ほかの子どもと関わりを持たずにおもちゃや遊貝を使う。創造性や集中力が育まれ、自由に自己表現を行える。
4. 平行あそび （2歳から）	ほかの子どもと近くで同じような活動をするが、相互のやりとりはない。他者の存在を認識しつつも、個人の活動に集中している。
5. 連合あそび （3〜4歳）	子ども同士がテーマを共有し、一緒にあそびを進める。ただし、役割やルールが厳密に定まっているわけではなく、緩やかな協力が特徴。ことばを使った簡単なやりとりが見られ、協同でのあそびの基礎が形成される
6. 協同あそび （4歳以上）	明確なテーマとルール、役割分担を持つあそびが行われる。このあそびでは、他者と協力し、意見を交換しながら活動を進める。ルールを守ることや責任を果たすことの大切さを学び、社会的スキルがさらに発展する。

　あそびを通じて、子どもは周囲とやりとりを重ねる中で、ことばの使い方を学びます。例えば、平行あそびから連合あそびへ進む中で、他者とイメージを共有するために「かけ声」やことばを使用する頻度が増えます。また、3歳以降にはあそびの中での言語的やりとりが増え、他者の意見を聞き、自分の考えを伝える能力が育ちます。

専門家の視点 **どうすればいい？**

■ まずは大人と1対1でのあそびを経験しよう

　一人あそびをずっとしている子どもは、集団でのかかわりに苦手さがある、あそびを広げていくことができない、ことばによるコミュニケーションが困難でほかの子どもと一緒にあそべないなどの理由が考えられます。特に子どもは行動の予測が難しいため、コミュニケーションの苦手な子どもにとって、子ども同士で一緒にあそぶことができません。

　したがって、まずは大人との1対1でのあそびによって楽しい経験を積み重ねていくことから始めるとよいでしょう。

> あそびの処方箋
興味を引くあそびを1対1でしてみよう

一日中一人あそびをしている

POINT
- 子どもと一緒に、楽しい、うれしい、あそびをしてみましょう。
- 子どもと近くで寄り添うように一緒にいることが大切。
- 近くで一緒に体験することで、気持ちを重ね合わせることができます。
- 体験をともにしながら、うれしい気持ちや楽しい気持ちをことばにして子どもに伝えてみましょう。

しゃぼんだま

「しゃぼんだま飛んだね」などと、ことばにしてみましょう。

- 「きらきらしてるね」「きれいだね」などと体験をともにしながら、大人がことばにしてみましょう。

たいこあそび

「トントントン」だね、「いい音だね」などと大人がことばにしてみましょう。

- 大人も別のたいこを叩きながら一緒にたいこを演奏できると、なおよいと思います。
- ほかにも、積み木やねんどなど、子どもが好きなあそびを一緒に楽しみましょう。

あそびの処方箋

楽しんでいることと同じことをしてみよう

POINT
- 大人はやってほしいあそびを子どもにさせてしまいますが、まずは子どもが楽しんでしているあそびを一緒にしてみましょう。
- 子どもの一人あそびは、大人にとってはそれほど興味を引かないあそびかもしれません。だからといって見ているだけではなく、一緒にやってみましょう。
- そうすることで、子どもは大人に関心を抱き、コミュニケーションの基礎を築くことができます。

させるだけよりも、見ているだけよりも

× させるだけ　　　　　×見ているだけ

大人が、子どもと同じことをしてみましょう

- 子どもが楽しんでいることと同じことをします。
- 一緒に遊ぶと楽しいな、という感覚を育てることが大切です。

同じあそびばかりする

関係する感覚　触覚　生命感覚　**運動感覚**　**平衡感覚**

☑ どんな行動？

- いつも腹ばいになり、電車や車を走らせるあそびをしている
- ブロックで同じものばかりを作ってそれであそぶ
- 砂場で一人で砂を集めて山にしている
- 音の出るおもちゃで、同じ音を耳元で繰り返し聴いている

解説　なぜ、同じあそびばかりする？

■ 認知発達の観点からみるあそびの発達

　同じあそびを繰り返す背景には、あそびを広げていくことの苦手さがあるかもしれません。子どものあそびは、ことばや運動、社会性などさまざまな側面が互いに関連しあって発達します。また、子どものあそびは、子ども自身が持つ能力を発揮することによって楽しみとなり、次の段階へと発展していきます。

　スイスの心理学者ピアジェは、子どもの認知発達の観点から子どものあそびを「機能的あそび」と「象徴的あそび」、そして「ルールのあるあそび」の3つに分類しました。

①機能的あそび

　機能的あそびは、乳児期から見られる、身体感覚や運動の機能を働かせることで楽しむあそびです。機能的あそびの中の感覚あそびは、物をつかんで振る、砂や葉っぱの感触を楽しむ、光の見え方を楽しむなど感覚刺激を楽しむあそびです。運動の機能を働かせるあそびとしては、はいはいで進む、走り回る、ソファで跳びはねる、箱から物を引っ張り出すなど、筋肉の動き自体を楽しんでその機能を繰り返します。機能的あそびは象徴的あそびの出現にともない、減少していきます。

②象徴あそび

　象徴あそびは、イメージを楽しむあそびです。なりきりあそびや見立てあそび、ごっこあそびなど、幼児期にもっとも特徴的なあそびです。大人と一緒にあそぶことによって、象徴的なあそびはより活発に展開していきますが、大人は、指示したり質問責めにするのではなく、子どものイメージに寄り添いつつあそぶことがよいでしょう。

③ルールのあるあそび

　ルールのあるあそびは複数で、ルールを理解し守ることによって成立するあそびです。ピアジェはルールのあるあそびは7歳から見られるとしましたが、鬼ごっこや椅子取りゲーム、ドッヂボールなど、簡単なルールのあるあそびは、幼児期後期（4～5歳児くらい）から楽しめます。

　あそびは、「機能的あそび」⇒「象徴あそび」⇒「ルールのあるあそび」へと段階的に発達していきます。同じあそびばかり繰り返す子どもは、あそびの発達でいうと機能的あそびはできるけれども、まだ象徴あそびになっていないのだととらえることができます。したがって、感覚刺激を求めるようなあそびにとどまっているのです。

> 専門家の視点　**どうすればいい？**

■ 子どものあそびのすそ野を広げるために

　子どものあそびのすそ野を広げるためには、大人と1対1でのあそびを経験しながら、「できる」⇒「楽しい」⇒「またやりたい」というサイクルを回していくことが大切です。

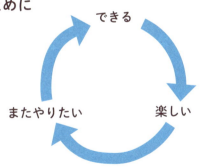

■ 大人とやりとりする、からだを動かす感覚運動あそびへ導きましょう

　一人で感覚刺激あそびばかりを繰り返す子どもは、自らあそびを広げていく力が弱いので、大人とのやりとりをしながら、手足を思い切り動かすような感覚運動あそびへと導くことを心がけましょう。その後、大人との1対1から、ほかの子どもを交えたあそび、そして象徴あそびへと導いていくとよいでしょう。

「あそびの処方箋」

からだを動かす感覚運動あそび

> **POINT**
> ・同じあそびばかり繰り返す子どもは、あそびを自ら広げる力が弱いので、大人と一緒にからだを動かす感覚運動あそびに誘ってみましょう。
> ・大人とやりとりするようなあそびから始めるのがポイント。

同じあそびばかりする

お家でジェットコースター

- 大人は膝を立てて座ります。
- 「ジェットコースターが出発しま〜す」などと言いながら、子どもとやりとりをします。
- 子どもをぎゅっと抱っこしながら、「ガタン、ゴトン」とジェットコースターがゆっくりと出発します。
- 一番高いところまで来たら、今度は急にスピードが増して、「ビューン」とからだが右へゆれたり、左へゆれたりします。
- 「終点で〜す。みなさん降りてください」の合図で、ジェットコースターは終了です。

コロコロキャッチ

- ボールをコロコロと転がして、動くボールをキャッチしてみよう。大人が転がしたボールを追いかけても楽しい。
- ボールを転がすときは、大人が「コロコロ」などと声をかけながらあそびましょう。

140

> あそびの処方箋

ほかの子どもと一緒にあそぼう

> **POINT**
> ・大人が入りながら、ほかの子どもと一緒にあそんでみましょう。
> ・ほかの子どもの活動する様子をお手本として見つつ、コミュニケーションも深まります。
> ・次の段階では、小集団でのごっこあそびや見立てあそびなど象徴あそびに導いてみましょう。

よこ波、たて波

- 地面になわを置いて、左右に動かします。
- くねくね、にょろにょろするなわに、ふれないようにジャンプして跳び越えます。
- ふれてしまうまでに何回跳び越えられたか、数えておきます。

動物になってあそぼう

> 「のそのそ」などと、動きに合わせて声をかけてあげます。

- ことばやコミュニケーションをうながすコツは、体験を共有して、それを大人がことばにしていくことです。
- 子どもは大人のまねをすることが大好きですから、大人も子どもと一緒にやることが大切！
- 練習ではなく、楽しいあそびになるように。

第4章 あそび編 ことばの心配ごと

141

発語がゆっくりである

関係する感覚 　触覚　　生命感覚　　運動感覚　　平衡感覚

✓ どんな行動？

- 喃語がでない
- 2歳を過ぎても意味のあることばを話さない

解説 なぜ、発語がゆっくり？

■ 発語がゆっくりな場合、親は気にしすぎてしまう傾向にあります

　先日、ある2歳の子どもを持つお母さんから、こんな心配事を聞きました。「うちの子は発語がゆっくりなのですが、保健センターに行ったとき『この年齢ならもう単語がいくつか出ていないとダメだね』と保健師さんから言われました。確かにうちの子はまだ、すべてのものが『ママ』です。お母さんも、ごはんも、おもちゃも、全部『ママ』です……。保健師さんの言うようにこれじゃあダメですね」
　このお母さんは、保健師さんから言われてずいぶん傷ついているようでした。
　子どもの発語がゆっくりな場合、親にとって気づきやすいので心配しすぎてしまう傾向にあります。また、1歳半健診や3歳児健診などで指摘を受け、傷つき、さらに心配になってしまうこともあるようです。

■ ことばの土台が育っているかどうかを見ましょう

　p.128「目が合いにくい」の解説にも書きましたが、ことばの発達は「発語があるかないか」ばかりが気になってしまいます。子どもの発語の様子もたしかに大切ですが、ことばの土台が育っているかどうかに私は目を向けています。
　ことばの土台とは、以下の4つです。

①指さしがあるか

②目線（アイコンタクト）があるか

③発声があるか（何かを伝えようと要求する発声があるか）

④共同注意があるか

　この4つの土台が育っていれば、これらを土台としてことばが出てくることが多いようです。土台が全く育っていなければ、ことばが出てくるにはもう少し時間がかかるので、p.26で解説したようなことばの土台を育てるような働きかけをしましょう。

　おおよそ、3歳の誕生日までに、これらの土台が育ち、単語が増えてきて、2語文まで出てきていれば3歳0か月の発達はなんとかクリアしていると言ってよいでしょう。

専門家の視点 **どうすればいい？**

■ ことばの発達をうながすには

　ことばの土台が育ってきているにもかかわらず、発語がゆっくりな子どもの場合、周囲の大人は心配になって、「〜だよ、言ってごらん」と発語を無理にうながしてしまいがちです。しかし、これは逆効果。発語は、無理にうながすのではなく、「伝えたい」という思いを育てることが大切です。

　そして、周囲の大人がことばをたくさん聞かせることが効果的です。

■ 話して聞かせるときのポイント

　子どもに伝えるときは、いくつかのポイントがあります。大人は忙しいですから、子どもに対して、遠くから長々と漠然と話してしまいがちです。大人が普段使っていることばの中には、漠然としていることがあるので、具体的に伝えることも大切です。

①近づいて、短いことばで

　×「いつまであそんでいるのかな？　もうご飯を食べる時間だよ。いつまでもあそんでいると、お母さんがご飯食べちゃうからね。」

　○（近づいて）「座ってごはんを食べようね」

②してほしい行動を伝える

　×「乗っちゃダメって言ってるでしょう。何回言えばわかるの？」「走っちゃダメ！」

　○「降りようね」「歩こうね」

③具体的に

　×「片付けようね」「掃除してね」

　○「○○はこの箱に入れてね」「ほうきで掃いて、ごみを集めてね」

第**4**章

あそび編 ことばの心配ごと

143

あそびの処方箋

おもわず声が出てしまうあそび

発語がゆっくりである

POINT
- 「楽しい」がコミュニケーションの大原則。
- 声に出してやりとりしながらあそぶことが、ことばとコミュニケーションでは大切です。
- あそびながら、いろいろなことばを語りかけましょう。

いないいないばあ

- 「いないいないばあ」は、ことばとコミュニケーションを育むすごいあそび！
- 身のまわりのものや、人に対する興味関心を育むことにもつながります。

いないいない

ばあ

> 目の前にいる人が、いなくなり、そして出てきたときにはうれしさと驚きの気持ちで声が出ます。

まてまてあそび

- 大人が追いかけると、子どもは逃げだします。
- そんなやりとりの中で、思わず子どもは声が出てしまいます。

あそびの処方箋
生活の中のふれあいあそび

POINT
- 声出しあそびを楽しもう。
- 毎日の生活の中には、ふれあいながら声を出してあそべる要素がたくさん！

まねっこであそぼう

- 大人が子どもの動きをまねて声を出してみましょう。子どもの声をまねて返すことは、とてもよい働きかけです。
- 動きをまねて返すことは、ミラリングといって、コミュニケーションを育てていくうえで大切な行為です。

お風呂でからださがし

- おふろはふれあいながらことばをうながすとてもよい機会です。一緒にお風呂に入りながら、たくさんお話ししましょう。
- 教えるのではなく、あくまでもやりとりを楽しみましょう。
- おへそ以外にも、「おててはどこかな？」「足はどこかな？」などやりとりを楽しみます。
- お話しすることで、コミュニケーションの楽しさを感じることでしょう。

第4章 あそび編 ことばの心配ごと

ことばの理解に心配がある

関係する感覚　　触覚　**生命感覚**　運動感覚　平衡感覚

✓ **どんな行動？**

- 話したことばが通じていない
- 何度伝えても伝わっていないような気がする
- 呼んでも振り向かない

解説　「わかることば」が少ない

「お風呂に入るよ」とか、「ご飯食べるよ」などという簡単なことばかけにも反応しないのは、「わかることば」が少ないのだと考えられます。ことばの発達は、「わかることば」から先に育ち、その後「言えることば」につながっていきます。「発語」があるかないかが気にかかってしまうのですが、「わかることば」を育んでいくことが大切です。

また、ことばの理解が難しく、発語もない場合は、3歳の誕生日を目安にして耳鼻科で聴力の検査をしてみましょう。

専門家の視点　どうすればいい？

ことばの理解をうながすには、教え込むのではなく、あそびを通して自然に身につけられるようにすることが大切です。遠回りに思えるかもしれませんが、ことばとはコミュニケーションですから、「楽しいから伝えたい」という気持ちを育んでいくことが、ことばを育てる近道になります。

伝える際に身振り手振り、絵、写真など視覚的な手がかりを一緒に示すことで「わかることば」が増えていきます。

146

あそびの処方箋
ことばのイメージあそびをしよう

POINT
- 体験を共有しながら、さまざまなことばをイメージして伝えましょう。
- ことばは「教え込む」のではなく、体験を共有しながら発することが大切。

いろいろなことばにしてみよう

× 名前を教えるだけではなく

- りんごを一緒に見ながら「りんごだね」だけではなく、触ったり、匂いをかいだりしたときに、イメージされることばを伝えながらことばの響きを楽しみましょう。
- 体験を共有しながら、イメージされたことばは、子どもが感じたことと結びついて「りんごのイメージ」がふくらみます。そういう経験から、少しずつことばを学んでくことができます。

○ 見ているときに

○ 触ったときに

○ かいだときに

- 同じように、車であれば、「大きいくるまだね」「タイヤがあるね」「タイヤがくるくる回ってるね」「ブーンって走っているね」など、子どもと一緒に車を観察しながら、ことばをかけていくといいでしょう。

あそびの処方箋
人と関わるあそびをしよう

ことばの理解に心配がある

POINT
- 関わりの中から、ことばの理解は深まっていきます。
- デジタルメディアからは、乳幼児期はなるべく遠ざかったほうがよいでしょう。

ままごとあそび

野菜を切るよ

- ままごとあそびには、さまざまなことばのやりとりが含まれます。
- 子どもが話していなくても、そして伝わっていないかもしれないと思っても、「ちょうだい」「かして」「ごくごく、おいしい」など、ジェスチャーやことばでいろいろと話しかけましょう。

にらめっこ

- 変な顔をして、子どもを笑わせてみましょう。
- また、親子で同じように変な顔をして楽しんでみましょう。
- 子どもは動作やことばをまねることで、少しずつ動作やことばを学んでいきます。
- まねっこあそびをしながら、理解できることばをうながしていきましょう。

> 顔をたくさん動かすことで、口元の筋肉が鍛えられ、発音にも良い影響があります。

あそびの処方箋

翻訳あそびをしよう

POINT
- 一緒にあそびながら、ことばかけをしましょう。
- 近づいて、短く、具体的に伝えることが大切。

お散歩をしながら

- お散歩をしながら、子どもと一緒に楽しくお話ししましょう。
- わかるかわからないかではなく、子どもが指さしや発声で示したことを翻訳するように、お話ししましょう。

お手伝いをしながら

- 子どもにとってお手伝いは、あそびです。
- 「新聞をとって」「ごみをポイしてきてね」など、簡単なやりとりを楽しんでみましょう。
- お手伝いをあそびにするためには、大人と一緒にするのがポイント。幼児期の子どもは大人のまねをすることで、お手伝いも楽しいあそびになります。

できたら、たくさんほめましょう。

ことばが不明瞭・発音がうまくできない

関係する感覚　触覚　生命感覚　**運動感覚**　平衡感覚

✓ どんな行動？

- ことばはたくさん話そうとするが、発音が不明瞭で聞き取りにくい
- サ行やタ行の発音がうまくできないので、会話が続かない

解説　なぜ、ことばが不明瞭？

　ことばの不明瞭さや一定の音をうまく発音できないのは、発音をつかさどる筋肉のコントロールがうまくいかないことによって生じます。普段はあまり意識されませんが、ことばはからだの中で最も微細な筋肉をコントロールすることによって発しています。考えや思いなど表現したいことは脳の中で生成されます。大脳から生じた信号としてのことばは運動神経に伝えられ、肺から咽頭に送られる呼気の量や圧が調整されます。咽頭にある声帯が適度に閉じられて声帯が振動することによって音が生じるのですが、この音に口の中にある舌や咽頭、鼻腔などが繊細に関わることによって声になります。

　話しことばを使う中で全体的にことばが不明瞭になる子どももいれば、「さかな」を「たかな」、「はなび」を「あなび」などと一定の音を習慣的に誤って発音する子どももいます。これらは、口元の筋肉をうまくコントロールできないことから生じると考えられます。

専門家の視点 **どうしたらいい？**

■ 言い間違いを指摘せず、さりげなくフォローする

うまく発音できない、発音が不明瞭な子どもは、とくに乳幼児期であれば間違いにまったく気づいていないことが多いものです。就学前や学齢期になると、正しく話そうと思ってもできなくて困っていることがあります。

いずれの場合も、言い間違いを指摘したり、言い直させたりを繰り返していると話すこと自体が嫌になってしまいます。コミュニケーションとは正しく話すことだけではなく、思いを伝え合うことができるかどうかが重要です。「伝えたい」「伝わった！」「また伝えたい」と思えるような関わりが大切です。

もしもほかの子どもに伝えたことばが不明瞭で伝わらなかったとしても、その子の発音の間違いや不明瞭さなどにとらわれるのではなく、子どもが何を伝えたいのかをくみ取って、周囲の子どもに伝えてあげましょう。

■ ほかの子どもには、練習中であることを伝える

ほかの子どもが「どうして○○くんは、変な話し方するの？」と大人に言うことがあります。時にはからかったり馬鹿にした口調で言う場合もあるでしょう。そんなときは大人が毅然とした態度で「練習中」ということをほかの子どもに伝えることが必要です。幼児期の子どもに、ことばの発音について詳細に伝える必要はありませんが、「○○くんは今、上手にお話しできるように練習しているんだよ」と伝えます。笑ったりからかったりしてはいけないということを伝えることが大切です。

■ 自信を育てよう

ことばが不明瞭であったり、うまく発音できない子どもの中には、一人でみんなの前で話すということが苦手であることがあります。その場合でも、みんなと一緒に、あるいは誰かと一緒であれば緊張が和らぎ、すらすらと話せることがあります。発表会のときなども、ほかの子どもたちや保育者と一緒に話すということでリラックスできるように配慮します。「うまく話せた」「できた」という体験を繰り返すことが、自信につながります。

■ 口元を使ったあそびをたくさんしよう

幼児期はあそびを通して発達をうながすことが大切ですから、発音が不明瞭な場合は、口元を使ったあそびをたくさんすることで、上手に話すことができるようになります。

あそびの処方箋

なめてあそぼう

ことばが不明瞭・発音がうまくできない

> **POINT**
> ・舌を上手に使ってみましょう。
> ・舌の筋肉は、口元全体の筋肉とつながっているため、発音がはっきりしてきます。

ペロペロあそび

- 小さくちぎったウエハースや、のり、はちみつなどを唇のまわりにつけてそれを舌でなめとります。
- 舌をなめらかに動かすことができるようになり、正確な発音につながります。

唇をなめるわらべうた

♪ てんこてんこてんこ
　れえろれえろれえろ

① 「てんこてんこてんこ」
大人と子どもは向き合って、自分の頭を3回なでる。

② 「れえろれえろれえろ」
大人は自分の唇をなめる（それを見て子どもはまねをして、自分の唇をなめる）。

152

あそびの処方箋

口や顔であそぼう

> **POINT**
> ・口をすぼめたり、息を吹くことで、口のまわりの筋肉が鍛えられます。
> ・顔を大きく開いたり、口をすぼめたりすることで、顔全体の筋肉を使います。
> ・口元や顔の筋肉が鍛えられると、いろいろな発音がしやすくなります。

風車を吹いて回そう

- 大きく息を吸った後で、風車に向かって息を吐いてみましょう。
- 口をすぼめて息を吹くことで、肺や咽頭、唇や舌などさまざまな部位の筋肉を育てます。
- しゃぼんだまやラッパを吹くあそびもおすすめです。

顔まねあそび

口を一文字にして、外側に引っ張る	口をとがらせる	舌を出す	口を大きくあける

- まずは大人がお手本を示します。
- それをまねて、子どもが同じ顔をしてみます。
- 唇、頬、舌、口をあける筋肉を鍛えます。
- 「顔じゃんけん」をしても楽しい。

第4章 あそび編 ことばの心配ごと

ことばはあるのに会話が成立しない

関係する感覚　　触覚　　**生命感覚**　　運動感覚　　平衡感覚

 どんな行動？

- 自分に興味のある話ばかりする
- 話の内容がかみ合わない
- 相手の話したことばを繰り返す

解説　なぜ、会話が成立しない？

　会話が成立しない理由の一つに、相手の気持ちが理解できないという特徴があります。相手の気持ちがわからないために、自分が興味のある話ばかりしてしまい、相手が退屈していることに気づかないなどということが生じます。

　また、話の内容がかみ合わないのは、ことばの裏の意味が理解できないことから生じます。たとえ話が理解できない、冗談を真に受けることがあるなど、コミュニケーションの難しさが生じます。

　一般的には、4歳までは他者の気持ちや考え方を理解することは難しいため、一方的な話し方になることや、話の内容がかみ合わないことが生じます。4歳以降になると、ことばとこころが発達し、自分が感じていることと、他人が感じていることとを次第に区別できるようになります。そうなると、他者とことばを介したコミュニケーションをとることができるようになり、「社会性」も育っていきます。

専門家の視点 ＞ **どうすればいい？**

■ まずは大人と1対1のコミュニケーションから始めよう

大人は子どもの会話が成立しないとき、ともすると会話の練習をたくさんしたくなりますが、幼児期までは特に必要ありません。幼児期は、あそびを通して学びを深めていく大切な時期。

シュタイナーが「あそびは子どもの真剣な仕事」と言うように、子どもたちはあそびに真剣に取り組み、そこから多くのことを学びます。

会話が成立しない場合でも、子どもと一緒に、相手を意識するようなあそびをしてみましょう。まずは、大人と一緒にことばではないコミュニケーション（非言語のコミュニケーションといいます）を育てていくことが、子ども同士のコミュニケーションにつながっていくことでしょう。

> ### 会話がなかなか成立しないりんちゃん（4歳）の事例
>
> 4歳のりんちゃんは、単語や短い文章を話すことができるのですが、会話がなかなか成立しません。たとえば、「今日はなにをしてあそんだの？」と聞いてみても、「あのね、りんね、おやつが食べたい」「お外であそびたい」などと答えるので、その先の会話が続きません。大人との会話でもこうですから、お友だちとは会話になりません。お友だちが「これ、面白いね！」と言っても、りんちゃんは相手の気持ちをくみ取れず、無反応だったり、自分の興味のある話を一方的に話し始めてしまいます。こうした状況は、「心の理論」の発達が未成熟なためと考えられます。心の理論とは、他人の気持ちや考えを理解する能力のことです。りんちゃんは、自分の気持ちや考えをことばにすることはできるのですが、相手が何を考えて、何を感じているのかを想像することが難しいようです。そのために、会話が続かず一方通行になってしまうのです。
> りんちゃんのように、会話が続かず一方通行になってしまう場合には、親や周囲の大人がモデルを示すことが大切です。たとえば、りんちゃんが「おやつが食べたい」と答えたら、「そっか、おやつが食べたいんだね。それでね、りんちゃんは今日は何をしてあそんだのかな？」と、もう一度近づいて具体的に聞いてみましょう。お友だちとのやりとりでは、「これ面白いね」と言ったお友だちに対して、「そうだね、面白いね」と相手の気持ちをりんちゃんの代わりにこたえてあげましょう。そうすることで、りんちゃんが他者の視点に気づく手助けになります。

第**4**章 あそび編 ことばの心配ごと

155

あそびの処方箋
タイミングを合わせてあそぼう

ことばはあるのに会話が成立しない

POINT
- 手あわせは、とてもシンプルなコミュニケーションを育てるあそびです。
- 自分本位ではできないのが手あわせ。相手とタイミングを合わせてやってみましょう。
- お手玉を相手に渡したり、受け取ったりすることは、「私とあなた」の大切なコミュニケーションです。

手合わせのわらべうた

- 「おてらのおしょうさん」などのうたに合わせて、タイミングよく相手の手にタッチするあそびです。

ほたるこい

- ☆ほたる
- ★こい
- ☆やまみち
- ★こい
- ☆あんどの
- ★ひかりを
- ☆ちょいとみて
- ★こい

- ふたりで向かい合って座ります。
- 歌詞にあわせてお手玉を渡し、受け取ります。
- 相手を意識して、そっと渡したり、受け取ったりしてみましょう。

あそびの処方箋

みんなであそぼう

> **POINT**
> - 1対1であそべるようになったら、小集団であそんでみましょう。
> - はじめは大人と二人で（もしくは、子ども同士で）やってみましょう。
> - できるようになったら、人数をだんだん増やしていきます。
> - 大切なことは、「みんなとあそぶって楽しい」と思えること。
> - ほかの子どもと一緒にあそび、コミュニケーションをとることができます。

転がしドッジボール

- ボールを投げずに転がして、ドッジボールをします。
- 少人数でもあそべる比較的シンプルなルールのあるあそびです。
- 最初は、厳密にルールに従えなくても大丈夫。

げたかくし

- うたいながら、ならべた靴に一人の子がふれていきます。
- うたの最後に触れていた靴を隠します。
- 靴の持ち主が鬼となり、隠された靴を探します。

> ♪ げたかくし　とうねんぼ
>   ゆびさき　なごれば
>   ぜにひゃく
>   とったのせ

第4章　あそび編　ことばの心配ごと

著者

山下直樹（やました・なおき）

名古屋短期大学保育科教授、保育カウンセラー、臨床心理士、公認心理師。東京学芸大学教育学部障害児教育学科を卒業後、シュタイナーの治療教育を学ぶために渡欧。帰国後は児童相談所など障がい児福祉の現場で障がいのある子どもと保護者の支援に携わる。その後放送大学大学院にて臨床心理学を修め、保育カウンセラー・スクールカウンセラーとして保育現場や教育現場での経験を重ねてきた。現在は、名古屋短期大学保育科教授として、保育学生に障がいのある子どもの理解や保育現場におけるカウンセリングなどを教えている。現在も保育現場を大切にしており、保育園や子育て支援センターなどでの保育カウンセリングを継続している。主な著書は『気になる子のわらべうた』（クレヨンハウス/2018年）、『気になる子のとらえ方と対応がわかる本ー保育に活かすシュタイナー治療教育ー』（秀和システム/2021年）、『子どもの自信が育つほめ方・叱り方』（日本能率協会マネジメントセンター/2023年）など。

ブックデザイン	沢田幸平（happeace）
本文イラスト	もものどあめ
本文イラスト	Haru.
DTP	BUCH⁺
企画協力	森久保美樹（NPO法人 企画のたまご屋さん）

発達が気になる子の
感覚を育てるあそびの処方箋

2025 年 3 月 17 日初版第 1 刷発行

著者	山下 直樹
発行人	佐々木 幹夫
発行所	株式会社 翔泳社（https://www.shoeisha.co.jp）
印刷・製本	日経印刷 株式会社

©2025 Naoki Yamashita

本書は著作権法上の保護を受けています。本書の一部または全部について（ソフトウェアおよびプログラムを含む）、株式会社 翔泳社から文書による許諾を得ずに、いかなる方法においても無断で複写、複製することは禁じられています。
本書へのお問い合わせについては、2ページに記載の内容をお読みください。
造本には細心の注意を払っておりますが、万一、乱丁（ページの順序違い）や落丁（ページの抜け）がございましたら、お取り替えいたします。03-5362-3705 までご連絡ください。
ISBN978-4-7981-8953-6

Printed in Japan